믿음은
세계관의 전쟁이다

"주께서 이르시되,
지혜 있고 진실한 청지기가 되어,
주인에게 그 집 종들을 맡아
때를 따라 양식을 나누어 줄 자가 누구냐?"

(눅 12 : 42)

님께

20   년   월   일

드림

청 지 기
영성훈련
특   강

믿음은 세계관의 전쟁이다

최재호 지음

청지기 영성 훈련은 업적이나 실적을 남기기 위한 훈련이 아니다. 하나님 앞에서 자신을 살피고, 각자의 삶의 영역에서 하나님의 뜻을 이루어 가는 성숙한 사람으로 준비시키는 훈련이다.

Faith is the Battle of Worldviews

하나님을 잊어버린 타락한 가치관이 지배하는 세상에서 성경적인 가치관을 적용하고, 실천하며 살아가는 삶의 체계를 설명한 영성 훈련서

healing books

추천사

김진홍 목사

"글은 인격이다"라는 말이 있습니다. 어떤 글이든 글에는 그 글을 쓴 사람의 인격이 담기겠기에 이르는 말일 것입니다. 최재호 박사가 쓴 글을 읽으면서 저자의 인격이 고상하고 깊이가 있음을 느낄 수 있었습니다. 그의 책은 목회자들은 물론이려니와 평신도들도 꼭 읽어야 할 내용을 담고 있기에 기쁨으로 추천하는 바입니다. 최재호 박사는 경건과 학문을 겸비한 목회자입니다. 다른 무엇보다 최재호 박사는 제대로 공부한 일꾼입니다. 총신대학교 신학대학원을 졸업한 후 미국 칼빈 신학대학원에서 석사 과정을 마치고 웨스트민스터 신학대학원에서 기독교 변증학으로 박사 학위를 받았습니다. 그리고 미국에서 수년간 목회를 성공적으로 하다가 지금은 대구성일교회에서 담임목사로 시무하고 있습니다. 최재호 박사는 경건과 학문을 겸한 인재인데다 목양에 대한 투철한 사명감을 지닌 훌륭한 목회자입니다.

이번에 최재호 박사가 〈청지기 영성 훈련 특강〉이란 주제의 책을 3권의 시리즈로 출간하게 되었습니다. 책이 출간되기 전 원고를 먼저 읽을 수 있는 기회가 주어져 정독하면서 나 자신이 큰 공부가 되었습니다. 특히 1권의 주제인 〈나의 습관이 나의 영성이다〉라는 글에서 한국교회가 꼭 필요한 영성을 연마하기 위하여는 영성 훈련이 내면화되고 습관이 되어 체질이 바뀌어야 함을 강조하고 있습니다. 지당한 말입니다. 우리는 평소에 영성을 강조하면서도 그 영성을 온몸으로 익히는 데에 너무나 게으릅니다. 그래서 영성을 구호로만 외칠 뿐 체질화하여 우리들의 삶을 변화시키지

추천사

를 못합니다. 이번에 출간되는 최 박사의 영성 시리즈 3권은 이점에서 한국교회에 큰 기여를 할 수 있는 내용을 갖추고 있습니다.

그리고 2권에서 주제로 다루고 있는 〈기독교적인 세계관〉의 문제는 목회현장에서나 신도들의 사회생활에 아주 중요한 내용입니다. 그간에 한국교회의 신학자들과 목회자들은 믿음을 강조하다 보니 그 믿음의 기초가 되는 세계관의 문제를 소홀히 하였습니다. 그런 터에 기독교적 세계관을 목회현장에서 적용하려는 최재호 박사의 노력이 크게 돋보입니다. 세계관의 문제는 저자가 지적하고 있는 바처럼 전쟁입니다. 영과 육의 전쟁이요, 세속적인 세계관과 성경적인 세계관과의 전쟁입니다. 이 전쟁에서 승리하는 것은 한국교회의 미래가 걸려 있는 중요한 문제입니다. 최재호 박사의 이 글이 한국교회 전체가 세계관 전쟁에서 승리할 수 있는 동력을 제공할 수 있기 바라며 추천의 글에 대신합니다.

2016년 5월

두레수도원 김진홍 목사

추천사

김장환 목사

목회현장은 신학이 뒷받침되어야 견실합니다.
신학은 목회현장에 적용되어야 풍요롭습니다.
제가 만난 최재호 목사님은 목회와 신학의 조화를 이룬 분입니다. 대구성일교회와 대신대학교에서 맺고 있는 풍성한 열매가 그 증거입니다.

성경적 세계관을 목회현장에 적용하고 영성과 통합하기 위한 최목사님의 오랜 노력이 '청지기영성훈련특강' 시리즈로 결실을 맺었습니다.
우리는 이 특강들을 통해 나의 습관이 곧 나의 영성임을 깨닫고 우리 마음을 하나님의 말씀으로 채우기 위한 간절한 기도를 시작하게 될 것입니다.
소비자 중심적 쾌락주의에 빠진 악하고 음란한 세대에 맞서 오직 주님만을 바라보는 행복한 청지기의 삶을 회복하게 될 것입니다.

이 책을 읽는 모든 분들의 마음이 말씀과 기도로 치유되어 예수 그리스도를 온전히 뒤따르는 제자가 되기를 바라며 기쁜 마음으로 이 책을 추천합니다.

2016년 5월
극동방송 이사장 김장환 목사

머리말

"예수께서 제자들을 불러다가 이르시되, 이방인의 집권자들이 그들을 임의로 주관하고, 그 고관들이 그들에게 권세를 부리는 줄을 너희가 알거니와, 26) 너희 중에는 그렇지 않아야 하나니, 너희 중에 누구든지 크고자 하는 자는 너희를 섬기는 자가 되고, 27) 너희 중에 누구든지 으뜸이 되고자 하는 자는 너희의 종이 되어야 하리라. 28) 인자가 온 것은 섬김을 받으려 함이 아니라 도리어 섬기려 하고, 자기 목숨을 많은 사람의 대속물로 주려 함이니라."(마 20:25-28)

이 말씀 속에서 예수님은 자신이 이 땅에 오신 복음의 핵심을 압축적으로 설명하실 뿐만 아니라, 사람들의 삶을 이끌어가는 두 가지 본성(혹은, 영성)을 대조적으로 비교하면서 설명하신다. 하나는 이방인들의 타락한 영성이요, 다른 하나는 예수 그리스도 안에서 거듭난 영성이다.

이방인들의 타락한 영성은 다른 사람들 위에 군림하고, 자기를 높이고, 자기를 자랑하고자 하는 본성을 따라 살아가는 삶이다. 자기 자신을 모든 관계의 중심에 두고 자기의 힘과 영향력을 과시하고, 자신의 명예와 성공을 추구하는 삶이다. 경쟁에서 이기고 다른 사람 위에 군림하여 자신이 유명해지기를 바라는 것은 타락한 아담에게서 물려받은 인류 보편적인 본성이다. 아담은 하나님과 같이 되려는 마음에서 하나님께서 금지하신 명령을 어기고 선악을 알게 하는 나무의 열매를 따먹었다. 타락한 아담의 본성을 물려받은 인류는 다른 사람보다 자신을 더 높이려는 보편적인 본성을 가지고 살아간다. 예수님이 이방인들의 집권자들이 살아가는 모습이라고 말하는 타락한 본성을 가지고 살아가는 사람들의 삶의 특징은 군림과 자기과시이다. 모든 일에 다른 사람들과 경쟁해서 이기지 못하면 패배자요, 실패한 인생이라고 생각한다.

예수 그리스도 안에서 거듭난 영성은 자신을 드러내고, 다른 사람들 위에 군림하여 다스리려는 본성을 따라 살아가는 삶이 아니라, 예수 그리스도의 성품을 닮아 가는 삶이다. 예수님의 성품은 하나님과 같이 되려고 하나님의 계명을 무시하고, 하나님께 불순종하여 타락한 아담의 본성이 창조 시의 원래의 모습으로 회복된 것으로써, 하나님의 뜻에 철저하게 순종하는 것이다. 예수 그리스도의 성품을 따라가는 삶은 자기를 낮추고, 하나님의 부르심에 적극적으로 반응하며 순종하는 삶이다. 예수 그리스도 안에서 거듭난 영성이 이끌어가는 삶의 특징은 군림과 자기과시가 아니라, 섬김과 희생이다. 그래서 예수님은 제자들에게 자기를 과시하고 으뜸이

머 리 말

되려고 하지 말고, 자신을 낮추고 겸손하게 섬기는 자가 되어야 한다고 말씀하신 것이다.

청지기 영성 훈련은 자신의 성공과 업적을 추구하고, 야망에 충실한 본성을 자극하고 격려하는 훈련이 아니라, 자신의 업적보다는 하나님의 나라를 구하고, 자신의 명예보다는 하나님의 영광을 추구하며, 하나님의 뜻에 적극적으로 순종하는 내적인 성품을 갖추도록 훈련하는 것이다. 자신의 성공을 추구하는 아담의 타락한 본성이 아니라, 섬기러 오신 예수 그리스도의 성품을 닮아가도록 준비시키는 훈련이다.

청지기로 살아가는 사람의 임무는 자신의 명예와 야망을 추구하기보다는, 우리를 창조하시고 구원하신 하나님의 뜻을 따라 "하나님을 사랑하고, 이웃을 사랑하라."는 하나님의 명령을 자신의 삶 속에서 끊임없이 실천하려고 노력하는 것이다.

따라서 청지기 영성 훈련은 업적이나 실적을 남기기 위한 훈련이 아니다. 하나님 앞에서 자신을 살피고, 하나님의 뜻을 이루어 가는 성숙한 사람으로 준비시키는 훈련이다. 자신을 내세우지 않고,

하나님의 뜻을 따라 자신에게 주어진 사명을 성실하게 감당할 줄 아는 하나님 나라의 성숙한 일꾼을 양육하는 훈련이다.

성경적 세계관의 관점에서 청지기적 사명을 실천하는 영성 훈련의 원리를 세 부분으로 나누어서, 세 권의 책으로 구성하였다. 제1권, 〈나의 습관이 나의 영성이다〉에서는 창조 세계 속에서 하나님의 부르심에 지혜롭고 충성스럽게 응답하며 살아가는 실천적 삶의 원리를 설명하였다. 제2권, 〈믿음은 세계관의 전쟁이다〉에서는 하나님을 잊어버린 타락한 가치관이 지배하는 세상에서 성경적 세계관을 적용하고, 실천하며 살아가는 청지기적 삶의 체계를 설명하였다. 제3권, 〈마음의 상처를 치유하라〉에서는 우리가 이 세상에 살아가면서 여러 가지 갈등과 아픔과 마음의 상처를 경험할 수밖에 없는 구조적인 상황을 설명하였다. 그리고 창세기에 기록된 야곱의 가정에서 일어난 여러 가지 갈등과 아픔과 상처들이 치유되는 과정을 관찰함으로써 우리의 마음에 쌓인 상처를 치료하는 내적 치유과정과 방법을 설명하였다.

Contents

목차

Chapter One
믿음은 세계관의 전쟁이다 19

루스드라에서 일어난 사건 22
루스드라 사람들의 반응 23
바울과 바나바의 대응 26
믿음은 세계관의 전쟁이다 29

Chapter Two
세계관은 생각의 틀이다 33

세계관의 정의 35
세계관의 철학적 개념의 형성과정 41
- 칸트: 감각적 인식 42
- 헤겔: 절대정신의 자기 인식 43
- 키에르케고르: 삶을 이해하는 틀 45
- 딜타이: 역사 안에서 객관화된 삶 47
- 니체: 실체와 삶에 대한 하나의 관점 50
일상적 경험의 영역에서 세계관의 적용 53
- 관심 있는 것만 보인다 56
- 아는 것만큼 보인다 57
- 마음의 동기가 해석을 결정한다 59
- 보고 듣는 것이 세계관을 변화시킨다 60
세계관은 세상을 보고 듣고 생각하는 틀이다 61

Chapter Three
기독교 세계관의 체계화 과정 65

제임스 오어(James Orr; 1844-1913) 68
아브라함 카이퍼(Abraham Kuyper; 1837-1920) 73
- 제 일 원리: 하나님의 주권 73
- 제 이 원리: 행동의 중심으로서 인간의 마음 78
- 역사적 영향 80
코넬리우스 밴틸(Cornelius Van Til; 1892-1977) 82
- 전제(Presupposition) 84
- 대립(Antithesis) 88
- 거듭난 의식(Redeemed Consciousness) 91
세계관은 이론 이전에 실천의 문제이다 95

Chapter Four
성경적 세계관의 구조 99

성경적 세계관의 기초 103
인간에게 주어진 사명 110
청지기적 사명의 실천적 의미 114
- 하나님과 인간과의 관계 115
- 인간과 인간과의 관계 118
- 인간과 세상과의 관계 123
보시기에 심히 좋았더라 128

Chapter Five
창조 질서의 타락과 회복 133

하나님의 선하신 창조 136
대리자를 통한 지속적인 창조 138
창조 질서의 타락 142
- 아담의 불순종 144
- 목적어가 주어의 자리를 탐하다 148
- 창조질서의 왜곡 152
- 제한적인 은혜 161
창조의 회복 164

Chapter Six
포스트모던 세계관의 도전 173

포스트모더니즘의 사회적 특징: 소비자 중심적 쾌락주의 177
- 소비를 통한 쾌락 추구 178
- 소비의 대상 181
- 대중적 자아상 182
세계관의 변화: 인간을 실체의 창조자로 격상시킴 184
- 실체의 창조자 186
- 지속적으로 변화하는 가변적 실체 189
창조적 자아의 죽음: 포스트모던 세계관의 모순적 결과 192
- 해체 193
- 삭제와 반전 196
- 자아의 죽음 198
계시에 근거한 유추적 해석 201
포스트모더니즘의 도전 206

Chapter Seven
세계관이 충돌하는 영적 전쟁터 213

복음을 배척하는 세대의 특징 215
소비주의의 평가 기준 222
상품으로 전락한 자아(the Self) 225
삶에 대한 마지막 평가 227

청 지 기
영성훈련
특   강

Chapter One

1
믿음은 세계관의 전쟁이다

루스드라에서 일어난 사건

루스드라 사람들의 반응

바울과 바나바의 대응

믿음은 세계관의 전쟁이다

1

복음은 듣는 사람들에게 행동을 요구한다. 복음을 믿고 수용하든지 아니면 복음을 배척하든지 간에 선택을 요구한다. 믿지 않는 사람들이 복음을 듣고 배척한다면, 지금까지 살아오던 방식대로 살아가면 된다. 삶의 현장에서 큰 불편을 느끼지 않을 것이다. 그러나 복음을 듣고, 그것을 수용하고, 믿음으로 살아가기로 결심한다면 그 다음부터는 여러 가지 불편함과 어려움을 경험할 수도 있다. 왜냐하면 복음은 삶의 총체적인 변화를 요구하기 때문이다. 복음은 세속적인 환경에 타협하면서 살아가라고 말하지 않고, 오히려 세속적인 환경을 변화시키라고 요구한다. 복음을 듣고, 믿음으로 살아가기로 결심하는 순간부터 자신의 삶을 총체적으로 변화시켜야 하는 전쟁 아닌 전쟁이 시작된다.

믿음으로 살아간다는 것은 자신이 믿는 근본적인 신념을 삶의 전반에 적용하고 실천하면서 살아가는 것이다. 자신이 믿는 신념을 생활 속에 실천하는 과정에서 사회적인 강한 압력을 수시로 경험할

수도 있다. 믿음은 결코 여론에 편승하는 것이 아니다. '남이 장에 가니까, 거름지고 장에 간다'는 속담이 있다. 이 속담은 여론에 따라가는 삶의 모습을 표현하는 말이다. 나는 밭에 나가 일을 하기 위해서 거름을 지고 들로 나가는데, 장날에 동네 사람들이 장보러 간다고 마을 어귀에 모여 있는 것을 보고 자신도 그 사람들을 따라서 거름을 지고 장보러 가는 행동을 묘사하는 속담이다.

그러나 요사이는 여론에 편승하기보다는 유행이라는 여론에 의하여 선택을 강요당하는 경우가 훨씬 더 많다. 나는 아침에 밭에 나가 일을 하기 위해서 거름을 지고 집을 나섰지만, 다른 사람들이 장에 가면 나는 장에 가고 싶지도 않고 장에 갈 계획도 없음에도 거름을 지고 장에 따라가는 것이 우리가 살고 있는 사회적 현실이다. 우리가 먹고, 마시고, 입고 살아가는 일상적인 영역을 들여다보면, 세월의 흐름에 따라 각각의 영역을 주도해 가는 분위기와 흐름이 있다. 이것을 우리는 유행이라고 말한다. 유행에서 자유로운 삶의 영역은 한 군데도 없다.

유행에 따라가지 않으면, 자신만 시대에 뒤처지는 것 같고, 이상한 사람 취급을 받을 수 있다는 두려움, 혹은 불편함 때문에 자기 취향과는 관계없이 유행을 따라갈 때가 많다. 예를 들면, 나는 간혹 산행을 하기 때문에 등산복이 필요하다. 불과 몇 년 사이에 등산복의 패션이 두드러지게 달라졌다는 것을 피부로 느낀다. 등산복의 색깔이 화려하고, 디자인이 몸에 달라붙는 형태로 변했다. 특별히 나는 등산복 바지에 여러 가지 색깔을 붙여놓고, 재봉 선을 이리저리 그어놓은 듯한 몸에 달라붙는 그런 바지는 좋아하지 않는다. 그러나 요사이 등산복 코너에 가면 그런 바지밖에 없다. 그리고 산행을 가면 그런 바지를 입은 사람들밖에 보이지 않는다. 등산복 코너에서 뿐만 아니라, 산행을 하는 과정에서도 유행이라는 여론의 강한 압력을 느낀다. 다른 사람이 장에 가면, 나는 거름을 지고서라도 장에 가야 하는, 선택을 강요당하는 상황에 직면하고 있다.

 우리가 믿음으로 살아가는 삶의 현장에서도 똑같은 상황을 경험하게 된다. 오히려 더 강하고 광범위한 총체적인 여론의 역풍에 직면하게 된다. 이것을 다른 말로 표현하면, 세계관의 충돌이라고 말할 수 있다. 내가 믿는 신념을 포기하고 여론에 굴복할 것인가? 아니면 내가 믿는 복음으로 세상을 변화시킬 것인가? 순간순간 선택을 강요받는다. 세계관의 충돌을 대표적으로 보여주는 사건이 사도행전 14장에 기록되어 있다. 사도행전 14장은 바울과 바나바가 루스드라에서 전도하는 사건을 기록하고 있다. 바울과 바나바가 루스드라에서 경험한 사건은 믿음으로 살아가는 사람이 수행해야 할 세계관의 전쟁이 어떤 것인지를 잘 보여준다.

루스드라에서 일어난 사건

———

바울과 바나바가 이고니온에서 복음을 전하다가 유대인들의 강력한 저항과 핍박을 받게 되자, 핍박을 피하여 루스드라로 옮겨서 복음을 전하게 되었다. 루스드라는 상대적으로 지식수준이 낮고, 미신적인 경향이 강한 지역으로 알려져 있다. 바울과 바나바가 거기서 복음을 전하다가 나면서부터 걷지 못하는 한 사람을 만나게 된다. 나면서부터 걸어본 적이 없는 사람은 바울이 전하는 복음을 잘 듣고, 마음에 믿음이 생기기 시작했다. 바울은 그 사람의 마음속에서 일어나는 변화를 직감하고 그 사람을 향하여 '네 발로 바로 일어서라'(행 14:10)고 선포하였다. 바울이 선포함과 동시에 발을 쓰지 못하던 그 사람에게 놀라운 변화가 일어났다. 나면서부터 한 번도 걸어보지 못한 사람이 일어나서 걷기도 하고 뛰기도 하는 것이었다.

　바울이 전한 복음은 루스드라에서 모든 사람들이 놀랄 만한 기적을 일으켰다. 루스드라에서 일어난 일은 많은 사람들이 지켜보는 가운데 일어난 기적이기에 누구도 부정할 수 없는 객관적이고 구체적인 사실이다. 문제는 그 다음에 벌어지는 상황이다.

루스드라 사람들의 반응

나면서부터 한 번도 걸어보지 못한 사람이 바울이 선포한 말 한 마디에 일어나서 걷기도 하고, 뛰기도 하는 광경을 목격한 루스드라 사람들의 반응을 세 가지로 정리할 수 있다. 첫째는 바울과 바나바를 신으로 인식하였다. 루스드라 사람들의 관점에서 보면, 이런 기적을 행할 수 있는 존재는 신 밖에 없다고 생각하는 것은 어쩌면 당연한 것이다. 인간의 상식과 기대와 한계를 넘어선 초자연적인 능력을 경험할 때, 그것을 초자연적인 신의 행위로 생각하는 것은 인류 보편적인 현상이다.

둘째는 바울과 바나바를 자기들이 믿고 있는 종교적인 관점에서 해석하였다. 다른 말로 표현하면, 자기들 눈앞에서 벌어진 사건을 자기들이 믿고 있는 종교적인 관점에서 해석하여 신학화 작업을 한 것이다. 루스드라 사람들이 믿고 있는 신앙적인 틀로 해석한 바울과 바나바에 대한 관계 설정이 참으로 재미있다. 바나바는 말을 하지 않고 가만히 있는 자이므로, 자기들이 믿는 최고의 신인 제우스가 사람의 모양으로 나타났다고 생각했다. 그리고 바울은 말을 하는 자이므로, 제우스의 뜻을 전달하는 메신저 역할을 하는 신인 헤르메스라고 해석하였다.

여기서 우리는 어떤 사건을 보고, 듣고, 해석하는 틀로 작용하는 세계관이 얼마나 중요한지를 알 수 있다. 우리의 생활 속에 해석이 가미되지 않는 순수한 객관적인 사실은 없다. 우리가 보고, 듣고, 느끼는 순간부터 이미 거기에는 의식적이든 무의식적이든 간에 해석이 가미된 사건으로 인식되는 것이다. 루스드라 사람들은 바울과 바나바를 복음 전도자로 생각하지 않고, 자기들이 섬기는 제우스 신과 그의 메신저인 헤르메스 신이 사람의 형상으로 그들 가운데 강림한 것으로 인식하였다. 바울과 바나바라는 존재는 루스드라 사람들의 세계관이라는 렌즈를 통과하는 순간 전혀 다른 존재로 해석되고 이해되어 버렸다.

셋째는 루스드라 사람들은 자기들이 해석하고 정리한 신학화 작업에 상응하는 종교적 행위를 하였다. 그들이 믿는 최고의 신이 자기들 가운데 강림했다고 생각하니까, 그 다음에 어떤 행동이 일어날 지는 충분히 예상할 수 있다. 제우스 신당의 제사장이 급하게 소를 제물로 준비하고, 신당에 있는 화환들을 가지고 와서 바울과 바나바에게 제사를 드리려고 했다. 루스드라 사람들은 기적적인 사건을 보고 자기들이 해석한 신학에 따라서 마땅히 해야 할 행동을 한 것이다. 해석이 행동의 변화를 몰고 온다. 생각이 바뀌면 행동이 바뀔 수밖에 없다.

인간적인 면에서 본다면, 바울과 바나바는 루스드라 사람들로부터 최고의 신으로 인식되어서 극진한 대접과 영광을 받는 자리에 오르게 되었다. 바울과 바나바가 루스드라에서 복음을 전하면서 이런 상황이 벌어질 것이라고 상상이나 했겠는가? 바울과 바나바는 가만히 있기만 하면 루스드라에서 최고의 대우를 받는 신적인 존재가 된다. 이런 상황은 인간적인 면에서 본다면 바울과 바나바에게는 더할 나위 없는 영광일 수도 있겠지만, 하나님 앞에서 본다면 도저히 용납할 수 없는 위기의 순간이다.

    루스드라 사람들은 바울과 바나바가 전한 복음을 배척한 것이 아니다. 그들은 바울과 바나바가 전한 복음을 확실하게 믿고 있다. 그러나 문제는 자기들이 믿고 있는 종교적 틀에서 해석하고 이론화하여 믿고 있다는 사실이다. 결과적으로 바울과 바나바가 전한 복음을 듣고 루스드라 사람들이 이해하고 믿는 복음은 바울이 전하는 복음과는 전혀 다른 것이다. 결코 타협할 수 없는 완전히 다른 것이다. 간단히 정리하면, 나면서부터 걸어본 적이 없는 사람이 걷게 된 사건은 루스드라에서 복음을 전하는 자들과 듣는 자들 사이에서 벌어지는 세계관의 충돌이라는 전혀 예상하지 못한 상황을 만들었다.

자신의 생각에 따라 복음을 변질시키는 현상은 오늘날도 크게 달라지지 않았다. 세계관이 바뀌지 않으면 복음을 믿는다고 하더라도 보고 들은 복음을 자신의 필요와 욕구에 맞게 왜곡시키고 변질시켜서 받아들이고 믿는다. 우리의 현실에서 쉽게 경험할 수 있는 현상을 예로 든다면, 물질의 풍요를 가장 중요한 가치로 추구하는 황금만능주의는 모든 종교의 신앙행위를 기복주의 신앙으로 변질시켜 버리는 것과 같은 현상이다.

바울과 바나바의 대응

루스드라 사람들에게 바울과 바나바가 전한 복음이 충격으로 다가왔듯이, 바울과 바나바에게도 루스드라 사람들이 보인 반응이 충격적이기는 마찬가지이다. 바울과 바나바는 자기들을 신으로 여기고 자기들에게 제사하려는 루스드라 사람들의 행동을 도저히 두고 볼 수도 없고, 용납할 수도 없는 어리석은 것으로 간주하였다. 그래서 바울과 바나바는 자기들에게 제사를 지내려는 루스드라 사람들의 행동을 중지시키고, 그들의 생각을 변화시켜야 할 절박한 과제를 부여 받았다.

바울과 바나바는 루스드라 사람들의 행동을 어리석은 것이라고 강하게 설득하면서 제사를 지내려는 그들의 행동을 만류한다. 루스드라 사람들을 설득하는 바울과 바나바의 논리를 두 가지로 정리할 수 있다. 첫째는 바울과 바나바 자신도 신이 아니라 루스드라 사람들과 동일한 성정을 가진 사람이라는 사실을 강하게 주장한다. 자기들은 제우스도 아니고 헤르메스도 아니기 때문에 자기들에게 제사를 지내는 것은 어리석은 행동이며, 자기들은 제사를 받을 이유도 없고, 그렇게 해서도 안 된다고 설득한다.

둘째는 나면서부터 걸어보지도 못한 사람을 일으킨 것은 바울과 바나바의 능력이 아니라 예수 그리스도의 복음을 통하여 나타난 하나님의 능력이라는 사실을 강하게 설명한다. 걸어보지도 못한 사람을 걷게 만드는 능력의 복음을 전하는 것은 지금 루스드라 사람들이 하고 있는 거짓 신들을 섬기는 우상숭배에서 창조자 하나님께로 돌아오라고 요청하는 것이다. 하나님께서 지나간 세대에는 자연현상을 통한 일반 계시로 자신을 모든 족속에게 증거하셨지만 이제 때가 차매 그리스도의 십자가의 복음이라는 특별 계시로 자신을 이방인들에게 드러내는 것이라고 설득하며 설명한다. 바울과 바나바가 루스드라 사람들을 설득하는 내용을 간단히 정리하면, 걷지도 못한 사람을 일으킨 것은 십자가의 복음을 통해 나타난 하나님의 능력이며, 루스드라에서 예수 그리스도의 십자가의 복음을 전하는 것은 어리석은 우상숭배에서 창조자 하나님께로 돌아오라고 요청하는 것이다.

루스드라 사람들이 바울과 바나바가 전한 복음을 받아들이고 믿기 위해서는 그들이 지금까지 믿고 살아왔던 모든 종교적인 신념과 습관을 총체적으로 바꾸어야 한다. 바울 사도가 전한 십자가의 복음이 루스드라 사람들에게 총체적인 세계관의 변화를 요구하는 도전으로 선포된 것이다. "십자가의 도가 멸망하는 자들에게는 미련한 것이요, 구원을 얻는 우리에게는 하나님의 능력이라."(고전 1:18) 바울과 바나바는 십자가의 복음이 우상숭배의 어리석은 일을 버리고, 구원으로 인도하는 생명의 길이라고 간절한 마음으로 가르치고 설득한다.

바울과 바나바의 간절하고 강력한 설득은 자기들에게 제사를 지내려던 루스드라 사람들의 행동을 간신히 만류하게 한다. 이렇게 되기까지 바울과 바나바는 결코 쉽지 않은 과정을 거쳤다. 가만히 앉아서 말로 설득해서 얻은 결과가 아니다. 말로 설득하고, 행동으로 보여주고, 자기들이 할 수 있는 모든 수단을 다 동원하여 그들의 어리석은 행동을 만류하였다. 바울과 바나바는 루스드라 사람들을 설득하기 위해서 옷을 찢고, 무리 가운데 뛰어 들어가서 소리를 지르면서 그들의 행동을 만류하였다. 루스드라 사람들이 보기에는 제우스 신이 자기들 가운데로 뛰어 들어와서 옷을 찢고, 소리를 지르면서 제사를 지내지 말라고 하는 것이다. 그래서 겨우 자기들을 신으로 생각하고 제사를 지내려는 행동은 막았다. 사람들의 행동을 바꾼다는 것, 생각을 바꾼다는 것, 더 나아가서 세계관을 바꾼다는 것이 얼마나 힘들고 어려운 과정임을 보여주는 장면이다.

결론적으로 말하면, 세계관을 변화시키는 것은 인간의 노력으로는 불가능한 일이다. 그렇다고 인간의 노력이 없이 저절로

되는 것도 결코 아니다. 바울과 바나바처럼 무리 가운데로 뛰어들어가서 소리치는 노력이 있어야 하고, 옷을 찢는 간절함이 있어야 한다. 그런 노력 위에 성령이 역사하여야 가능한 것이 세계관의 변화이다. 이런 면에서 세계관의 전쟁은 성령과 함께하는 영적인 전쟁이며, 궁극적으로 성령의 능력에 호소하는 전쟁이다.

믿음은 세계관의 전쟁이다

우리는 영적 전쟁터에서 살고 있다. 원하던 원하지 않던 전쟁에 참여해야 한다. 어느 편에 속해서 전쟁을 하느냐가 문제일 뿐이다. 전쟁터에서는 전략과 통신과 전투수행이라는 중요한 요소가 있다. 청지기의 삶은 세계관의 전쟁을 수행하는 영적 전쟁이다.

청지기에게 요구되는 몇 가지 중요한 자질이 있다. 첫째는 청지기로 부름을 받은 사람은 주인의 계획과 의도를 정확하게 알아야 한다. 둘째는 자기가 맡은 일이 무엇인지를 정확하게 파악해야 한다. 셋째는 자기가 맡은 일을 어떻게 주인의 계획과 의도에 맞게 지혜롭고 적합하게 잘 해야 할지에 대한 영적 순발력을 키워야 한다. 이것을 신학적으로 표현하면, 첫째는 하나님의 주권이며, 둘째는 인간의 책임과 의무이며, 셋째는 하나님의 뜻을 파악하여 삶의 현장에 실천하는 경건(혹은 영성)이다.

이러한 청지기적 삶의 체계와 실천적 사명을 "청지기 영성훈련"이라는 주제로 묶어서 설명하고자 한다. 이 책에서는 하나님의 주권과 계획안에서 청지기의 삶이 어떤 세계관적 구조를 가지고 있는지를 설명하고자 한다. 다시 말하면, 성경적 세계관의 관점에서 하나님의 주권과 청지기로 부름을 받은 우리들의 사명을 설명하고자 한다.

되새김질을 위한 질문

1. '믿음으로 살아간다'는 말의 실천적 의미는 무엇이라고 생각하십니까?

2. 삶의 현장에서 믿음 생활을 힘들게 하는 여론이나 유행의 압력에는 어떤 것들이 있다고 생각하십니까?

3. 바울과 바나바가 루스드라에서 복음을 전할 때 일어난 기적을 목격한 루스드라 사람들의 반응은 어떤 것이었는지 정리해 봅시다. 루스드라 사람들의 반응은 복음에 적합한 것이었다고 생각하십니까?

4. 루스드라 사람들이 바울과 바나바가 전한 복음을 받아들이고 믿기 위해서는 어떤 변화가 일어나야 된다고 생각하십니까?

5. 바울과 바나바는 루스드라 사람들의 행동을 바꾸기 위해서 어떤 노력을 하였는지 정리해 봅시다. 실제 생활에서 그런 노력이 쉬운 일이라고 생각하십니까?

6. 하나님의 부르심에 응답하며 살아가는 청지기적 삶은 어떤 면에서 영적인 전쟁이라고 생각하십니까?

7. 청지기에게 요구되는 자질은 어떤 것인지 정리해 봅시다.

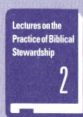

청 지 기
영성훈련
특   강

Chapter Two

2
세계관은 생각의 틀이다

세계관의 정의

세계관의 철학적 개념의 형성과정

일상적 경험의 영역에서 세계관의 적용

세계관은 세상을 보고 듣고 생각하는 틀이다

세계관은 생각의
틀이다

2

성도들을 대상으로 세계관에 대해서 강의를 할 때마다 공통적으로 느끼는 점은 성도들이 세계관이라는 용어 자체를 대단히 어려워하고 부담스러워한다는 사실이다. 세계관이라는 용어를 철학적으로, 신학적으로 설명하자면 대단히 전문적이고 학문적인 개념이 될 수 있다. 하지만, 세계관은 철학이나 신학을 공부하고 연구하는 사람들의 전유물이 아니다. 철학이나 신학에 대해서 전혀 들은 바가 없는 사람들도 각자 자기 나름대로 세계관을 가지고 있다는 사실에 주의할 필요가 있다.

 인간의 행동은 아무리 사소한 것이라 하더라도, 세계관의 진공상태에서 일어나지 않는다. 세계관이라는 용어를 들어 본적이 없고, 자신이 가지고 있는 세계관이 무엇인지 설명할 수 없는 사람들이라 하더라도 어떤 행동을 결정하고 실행하는 과정에서는, 반드시 그 사람 안에 내재되어 있는 세계관이 작동해서 행동을 한다는 것이다. 이렇게 본다면 세계관은 학문적인 훈련이나,

이론적인 설명 이전 단계의 문제이다. 세계관은 우리가 의식하든 의식하지 못하든 관계없이 우리의 일상생활과 분리될 수 없는 삶 그 자체이며 일상적인 경험의 문제이다.

세계관의 정의

세계관의 개념을 학문적 훈련과 논리적 설명 이전 단계인 일상적인 경험의 문제로 정의한다면, 다음과 같이 정의할 수 있다: "세계관은 사물을 보고, 듣고, 생각하는 틀이다." 우리가 어떤 행동을 하기 위해서는 어떤 대상이나 일에 대해서 정보를 수집하는 보고, 듣는 과정이 필요하다. 그리고 수집한 정보를 해석하고 판단하는 생각의 과정을 반드시 거치게 된다.

    예를 들어 설명하자면, 점심시간에 새로 개업한 식당에 갔다. 어떤 메뉴를 시키겠는가? 처음 가는 식당이라서 메뉴를 주문하기 전에 고려할 것이 많이 있을 것이다. 우선은 메뉴 판을 보고 어떤 메뉴가 있는지를 자세히 살펴볼 것이다. 그리고 메뉴에 대한 설명이 있다면 그 설명을 자세히 읽어보고, 궁금한 점이 있다면 식당 직원에게 물어보기도 할 것이다. 그리고 자신의 취향과 과거의 경험이 머릿속에서 빠르게 스쳐 지나갈 것이다. 그런 과정을 거친 다음에 현재의 심리적 상태나 식욕을 고려해서 점심에 먹을 메뉴를 주문하게 될 것이다.

    이런 과정은 아무런 체계도 없이 이렇게 저렇게 수시로 바뀌는 것이 아니라 나름대로 일정한 방식으로 이루어지게 하는 틀이 있다. '틀'이라는 말 속에는 그 사람의 특징적인 행동의 유형이나 경향을 일관되게 유지하는 체계가 있다는 것이다. 사물을 보고 듣고 생각하는 과정을 일관된 유형으로 유지시켜 주는 틀을 다른 말로 정의하면, '가치 체계,' 혹은 '삶의 체계'라고 할 수 있다.

사물을 보고, 듣고, 생각하는 틀로서 세계관은 학문적 훈련이나 이론적 설명과 관계없이 일상적인 삶의 영역에서 항상 작동한다. 우리는 어떤 대상을 볼 때 세계관의 진공상태에서 순수하게 그 대상을 있는 그대로 보는 것은 불가능하다. 무엇을 보든지 대상이 내 눈에 들어오는 순간 이미 내 안에 내재되어 있는 세계관이 작동하여 그 사물을 해석한다. 내가 어떤 사물을 보았다는 말을 다른 말로 표현하여 내 안에 내재되어 있는 세계관이 해석한 사물을 보았다고 말해도 틀리지 않는다.

    초등학교에 다니는 한 어린 아이가, 날씨가 좋은 가을날 어느 주말에 부모들과 함께 시골에 사시는 할아버지 댁을 방문하였다. 어린 손자의 방문을 받은 할아버지는 기분이 좋아서 어린 손자와 함께 많은 시간을 보내고 싶었다. 그래서 이른 아침에 손자를 깨워서 각자 비닐봉지를 하나씩 들고, 자주 다니던 동네 뒷산으로 산책을 나갔다. 가을이라서 나지막한 산비탈을 오르는 오솔길에는 여기 저기 도토리가 떨어져 있었다. 할아버지는 가지고 온 비닐봉지에 도토리를 주워 담기 시작했다. 그리고 손자에게도 도토리를 주워 담으라고 했다. 어린 손자는 할아버지가 시키니까, 신이 나서 여기

저기 쫓아다니면서 도토리를 주워 담았다. 그렇게 재미있는 시간을 보내는 사이에 어느덧 도토리가 비닐봉지에 반 이상 채워졌다. 할아버지는 어린 손자와 재미있는 시간을 보내서 흐뭇한 마음으로 손자의 손을 잡고 산길을 내려오고 있었다. 그런데 손자는 궁금한 것이 있었다. 할아버지가 이 도토리는 주워서 어디에 쓰시려는 것일까? 궁금한 나머지 손자가 할아버지에게 물었다. "할아버지, 이 도토리를 주워서 무엇을 하려는 거예요?" 손자의 질문을 받는 할아버지는, 도토리를 주워서 모아 놓았다가 묵을 만들어서 먹으면 아주 맛이 있다고 자상하게 설명을 해 주었다. 할아버지의 설명을 들은 손자는 할아버지에게 이렇게 질문했다. "할아버지, 도토리는 다람쥐가 먹는 것이잖아요? 사람들이 도토리를 다 주워가면, 겨울에 다람쥐는 무엇을 먹고 살아요?" 손자의 엉뚱한 질문을 받은 할아버지는 순간적으로 당황했다.

　여기서 할아버지와 어린 손자가 주고받은 대화를 잠시 생각해 보자. 할아버지와 손자가 산길을 오르면서 본 것은 길 가에 떨어진 도토리였다. 두 사람은 똑같은 것을 보았다. 서로 다른 것을 본 것이 아니다. 그런데 할아버지는 도토리를 보고 묵을 생각하고, 묵을 만들어 먹으려고 수시로 산책하면서 도토리를 모으고 있었다. 하지만, 손자는 도토리를 보는 순간 다람쥐를 생각했다. 같은 장소에서, 같은 시간에, 같은 도토리를 보았는데, 왜 이렇게 생각이 다르고, 행동이 다를까? 그 이유는 할아버지와 손자가 가지고 있는 생각의 틀이 다르기 때문이다. 도토리를 보고 생각하는 틀이 다르기 때문에 할아버지는 묵을 생각하는데, 손자는 다람쥐를 생각하는 것이다.

　세계관은 학문적 훈련이나 논리적 설명 이전에, 일상적인 경험의 영역에서 작동하는 사물을 보고, 듣고, 생각하는 틀이다. 우리 안에 있는 세계관의 틀이 다르면, 생각하는 것이나 행동하는 것이 다르게 나타날 수밖에 없다. 틀은 나름대로 일관성을 유지하기 때문에, 그 사람 안에 있는 세계관은 그 사람의 생각하는 방식이나 행동에 일정한 유형이나 경향을 부여하게 된다.

　동일한 사물을 보아도, 생각하는 틀이 다르면, 나타나는 행동은 다를 수밖에 없다. 똑같은 재료를 넣어도 틀이 다르면 나오는 결과물이 다르다. 초등학교 다닐 때 학교 앞에서 풀빵을 구워서 파는 장사가 있었다. 같은 밀가루 반죽이지만 붕어빵 틀에 부으면 붕어빵이 나온다. 같은 반죽을 국화빵 틀에 부으면 국화빵이 나온다. 이와 마찬가지로 세계관의 틀이 다르면 같은 사물을 보고 들어도 행동하는 양식이 달라진다. 이런 면에서 세계관은 그 사람의 삶의 양식을 결정하는 '삶의 체계'라고도 말할 수 있다.

세계관을 '사물을 보고, 듣고, 생각하는 틀'이라고 정의할 수 있지만 또 다른 면에서는 세계관을 '안경'에 비유하여 설명할 수 있다. 어떤 환경에서 무엇을 통해 보느냐에 따라서 보이는 것이 달라진다는 것이다. 날씨가 화창하게 개인 날, 밤하늘을 쳐다보아라. 무엇이 보이는가? 거리의 조명이 밝게 켜진 도시에서는 아무것도 보이지 않는다. 그러나 불빛이 거의 없는 들이나 산 속에서 하늘을 쳐다보면, 밤하늘을 아름답게 수놓은 수많은 별들을 보게 될 것이다.

돌이켜 보면 밤하늘을 아름답게 수놓은 별들을 본 지가 까마득한 옛날 일처럼 느껴진다. 어쩌면 밤하늘에 별이 보인다는 사실을 잊어버리고 살아간다는 표현이 더 적절할 것이다. 이처럼 같은 눈으로 하늘을 보아도, 어디에서, 어떤 환경에서 보느냐에 따라서 보이는 것이 달라진다.

 뿐만 아니라 같은 환경, 같은 장소에서 보더라도 무엇을 통해서 보느냐에 따라서 보이는 것이 엄청나게 달라진다. 불빛이 없는 산꼭대기에서 육안으로 맑은 밤하늘을 바라보는 것과 천체 망원경을 통해서 밤하늘을 바라보는 것을 비교한다면 보이는 것이 얼마나 달라지겠는가? 이와 마찬가지로 육안으로 미세한 사물을 관찰하는 것과 현미경을 통해서 사물을 관찰하는 것을 비교한다면, 같은 사물이라 하더라도 보이는 것이 얼마나 달라지겠는가? 이런 예는 얼마든지 나열할 수 있다. 병원에서 초음파 기기를 통해서 산모의 태중에 있는 태아를 관찰하면, 육안으로는 도저히 볼 수도 없고 상상도 못했던 전혀 새로운 경험을 하게 된다. 결혼 초기에 임신한 아내와 함께 병원에 가서 초음파 기기로 태아를 보게 된 그때의 기억과 놀라움을 아직도 잊을 수가 없다. 이와 같이 어떤 도구, 즉 어떤 안경을 통해서 사물을 바라보느냐에 따라서 보이는 것이 완전히 달라진다.

그런데 우리가 세상을 바라보는 데는 물리적인 안경보다 더 중요한 것이 있다. 그것은 바로 마음의 안경이다. 마음의 안경이 우리가 바라보는 세상의 모습을 결정한다. 같은 시대, 같은 사회적 환경에서 살아가는 사람들이라도, 각자가 바라보고 듣고 평가하는 세상의 모습은 완전히 다를 수 있다. 예를 들어서 설명하면, 어떤 특정한 사회적 이슈에 대해서 보수적인 성향을 가진 사람이 보고 듣고 평가하는 것과 진보적인 성향을 가진 사람이 보고 듣고 평가하는 사회의 모습이 다르다. 그 이유가 무엇이라고 생각하는가? 환경이 다른 것도 아니고, 시대가 다른 것도 아니다. 그 이유는 그 사람들 속에 가지고 있는 마음의 안경이 다르기 때문이다. 마음속에 있는 안경이 다르기 때문에, 세상이 다르게 보이는 것이다.

이런 이유 때문에, 앞에서 설명한 대로 도토리를 보고서도 서로 다른 것을 생각하게 되는 것이다. 할아버지는 도토리를 보고 도토리묵을 생각하지만, 손자는 같은 도토리를 보고 다람쥐를 생각하는 것이다. 같은 도토리를 보고도 이렇게 서로 다른 것을 생각하는 이유는 그들 마음속에 가지고 있는 세상을 바라보는 안경이 다르기 때문이다. 같은 사물을 보더라도 세상을 바라보는 안경, 혹은 관점에 따라서 전혀 다른 세계를 보게 된다.

간단히 정리하면, 세상을 바라보는 관점, 혹은 세상을 바라보는 마음속의 안경을 세계관이라고 정의할 수 있다. 그래서 '세계관은 사물을 보고, 듣고, 생각하는 틀'이라고 정의했다. 사람들은 각자 자기 나름대로 세상을 바라보는 안경과 생각하는 틀을 가지고 있다. 세상을 바라보고 생각하는 체계에 따라서 서로 다른 사상과 행동이 나올 수 있다. 행동은 세계관의 진공 상태에서 나오는 것이 아니라 세상을 보고, 듣고, 생각하는 틀에서 나오는 것이다.

우리는 기독교 세계관, 혹은 성경적 세계관이라는 말을 자주 듣게 된다. 성경적 세계관이라는 말을 앞에서 정의한 세계관의 정의에 대입하여 설명하면 이렇게 정의할 수 있다: "성경적 세계관은 성경에 의해서 형성되고 점검된 세상을 보고, 듣고, 생각하는 틀이다." 이 세계관은 성경의 체계에 기초를 둔 세계관으로서 성경 말씀에 순종하고자 하는 깊은 열망을 가진 사람들이 성경의 계명과 성경의 삶의 체계를 깊이 생각하고, 그런 관점에서 세상과 사물을 포괄적으로 바라보고, 해석하려고 했던 지속적인 노력에 의해서 형성되고, 체계화된 삶의 틀이다. 성경적 세계관은 삶의 전 영역에서 성경에 순종하고자 하는 열망을 가진 사람들이 가지고 있는 삶의 틀이며, 그들이 가지고 있는 마음의 안경이다. 그래서 성경의 관점으로 세상을 바라보고, 성경의 틀로써 세상을 해석하고, 성경의 명령을 따라서 행동하려고 애를 쓰는 것이다.

세계관의 철학적 개념의 형성과정

세계관의 철학적 개념의 형성과정을 논한다는 것은 대단히 전문적이고, 복잡한 주제일 수 있지만, 세계관이 신학의 영역에서 중요한 학문적 체계로 발전하고, 자리 잡게 된 과정을 이해하기 위해서는 반드시 거쳐야 할 문제라고 생각된다. 그렇기 때문에 여기서는 세계관의 신학적 개념의 체계화 과정에서 배경이 되는 범위에 한정하여 될 수 있으면 쉽고 간략하게 세계관의 철학적 개념

형성과정을 설명하고자 한다. 이 단락에 소개된 내용의 많은 부분은 데이비드 노글 David K. Naugle 의 설명을 이 책의 목적에 맞게 정리하고 설명한 것이다. 세계관의 철학적 개념의 형성과정에 대해서 좀 더 세부적이고, 포괄적인 이해를 원한다면, 데이비드 노글의 〈Worldview: The History of a Concept 〉(Grand Rapids: Eerdmans, 2002)를 자세히 읽어볼 것을 권한다. (반면에, 철학적인 내용을 이해하기 힘든 독자들은 이 부분을 대략적으로 읽고 지나가도 전체 내용을 이해하는 데는 큰 문제가 없을 듯하다.)

칸트: 감각적 인식

하나의 지성적 체계를 갖춘 개념으로서의 세계관은 어느 날 갑자기 생겨난 개념이 아니다. 이 단어가 처음 등장한 것은 1790년 출판된 철학자 임마누엘 칸트(Immanuel Kant: 1724-1804)의 〈판단력 비판(Critique of Judgment)〉에서 사용된 것이다. 칸트는 세계관 Weltanschauung 이라는 단어를 특별한 지성적 개념을 가진 학문적인 용어가 아니라 단순히 세상을 감각적으로 인식하는 일상적인 단어로 사용하였다. 칸트에 의해서 단순히 감각적 인식의 의미로 사용된 세계관이라는 단어는 독일의 관념론 철학과 낭만주의 전통을 거치면서 칸트의 후학들에 의해서 지성적인 영역에서 특별한 의미를 가진 단어로 발전하게 되었다.

　세계관이라는 단어가 감각적 인식이라는 일상적 용어에서 지성적 개념을 가지는 학문적인 용어로 발전한 과정을 간략하게 정리하면 다음과 같다. 1790년에 칸트에 의해서 세상의 감각적 인식의 의미로 사용된 세계관이라는 단어가 독일 관념론 철학자인 쉘링(F. W. J. von Schelling: 1775-1854)에 의해서 감각적 인식을 의미하는 것에서 지성적 인식을 의미하는 개념으로의 변화가 일어났으며(1799), 19세기의 철학자들의 논의를 거치면서 세계를 지성적으로 인식하는 체계적 틀로서 발전하게 되었다. 20세기에 접어들면서 세계관이라는 단어는 학문적인 영역뿐만 아니라 일반적이고 문화적인 영역에서 가장 중요한 지적 개념으로 사용되었다.

헤겔: 절대정신의 자기 인식

19세기 유럽의 지성적 무대에서 세계관의 발전에 중요한 역할을 수행한 철학자들 중에서 독일 철학자 헤겔(G. W. F. Hegel; 1770-1831)을 첫 번째로 꼽을 수 있다. 헤겔에게 있어서 세계관의 사용은 현상학에서 중요한 위치를 차지한다. 헤겔의 현상학은 본래 정신의 현상이다. 정신의 가장 단순한 현상인 감각에서 출발하여 종말론적 완성에 이르기까지의 의식의 발전과정을 연구하는 것이 그의 정신현상학이다. 그의 현상학에 있어서 가장 핵심적인 과제는 절대정신이 역사의 변증법적 발전 과정에서 자신을 드러내고 표현하는 현상들을 설명하는 것이다. 절대정신이 자신을 드러내고 표현하는 현상들에는 의식의 여러 가지 형태가 있기 때문에 현상학은 절대정신이 역사를 통하여 종말론적 자기 이해의 과정에서 절대정신이 인간의 사상과 문화에 구체화시킨 세계의 다양한 모델들을 따로따로 분리하여 인식하는 것을 수반한다. 헤겔에 있어서 세계관은 역사의 발전과정에서 절대정신의 자기 인식의 결과물이다. 절대정신의 자기 인식으로서의 세계관은 헤겔 철학의 현상학적 관점을 설명하기에 잘 맞추어진 개념적 틀의 역할을 하였다.

헤겔은 그의 역사철학에서 세계관은 개인과 국가의 의식 속에 깊이 박혀 있다고 설명한다. 개인적으로, 각 사람은 특정한 종교적인 것뿐만 아니라 하나의 특징적인 세계관을 가질 수 있다. 동시에 국가적으로 혹은 인종적으로 세계관은 공통적으로 공유하고 있는 존재의 성격에 관한 생각의 여러 가지 형태에 관한 용어로 간주되며, 특정한 개인의 지성적 사고에 영향을 미친다. 따라서 세계관은 개인이 어떤 특정한 시기에 특정한 사회에 참여함으로써 그의 동료와 동일한 형태를 자연스럽게 획득하게 되어 보편적으로 공유된 관점이다. 이런 의미에서, 헤겔에 있어서 세계관은 역사의 변증법적 발전 과정에서 드러난 절대정신의 현상들이다.

인간학적 관점에서, 세계관들은 마음의 경향, 통찰력, 태도, 그리고 실체의 틀로서 인간의식의 상태가 된다. 예술과 관계하여, 세계관은 여러 가지 삶의 모습을 표현하고 진행시키는 매개체 역할을 한다.

헤겔에 의하면, 절대정신은 역사의 변증법적 발전 과정에서 시간의 마지막에 종말론적인 자기실현을 기다린다. 역사의 발전과정에서 특정한 세계관은 다른 경쟁적인 세계관들과 대립적 과정을 거쳐서 발전한다. 이런 의미에서, 헤겔의 역사철학은 다른 경쟁적 세계관들 사이의 영적 전쟁으로서의 역사적 발전 과정에 관한 관심을 불러 일으켰다. 헤겔의 종말론적 지향성은 세계관의 관점에서 역사의 마지막에 대한 기독교적 의미에 관한 깊은 사색을 자극하였다. 간단히 정리하면, 헤겔에 있어서 역사 발전 과정은 경쟁적 세계관들 사이의 영적 전쟁이라고 설명할 수 있다.

키에르케고르: 삶을 이해하는 틀

키에르케고르(Soeren Kierkegaard; 1813-1855)는 세계관의 개념을 설정함에 있어서 헤겔의 추상적인 개념보다는 삶의 실존적인 방향성을 더 선호했다. 그는 세계관 Worldview 과 인생관 life-view 이라는 단어를 비슷한 말로 사용했지만, 인생관이라는 단어를 더 선호하였다. 키에르케고르의 인생관은 인간의 상태와 자유, 전제와 결론 양쪽에 있어서 자신을 이해하는 개인의 의무와 중요성을 강조한다. 그는 세상에서 존재의 대안적 방법으로 세 단계, 즉 미적 단계, 윤리적 단계, 종교적 단계를 소개했다. 이런 개념은 삶 자체의 의미와 목적에 집중되어 있다.

  키에르케고르는 인생관을 삶에 관한 특별한 조명이라고 설명한다. 삶에 대한 그 특별한 조명은 개인의 경험에 있어서 위기의 순간에 주어지는 것이다. 이런 특별한 조명은 모든 것의 이해가 아니라, 오히려 모든 것을 이해하는 열쇠, 혹은 틀 framework 을 제공하는 것이다. 비록 인생은 미래를 향해서 진행하지만, 그것은 단지 과거로 이해된다. 그리고 인생관을 가진다는 것은 자신에 대한 이해의 틀을 가지게 된다는 것이다.

키에르케고르는 미적으로 사는 것과 윤리적으로 사는 것의 경쟁적 토론을 통해서 추상적인 인생관과 구체적인 인생관에 대한 그의 중요한 생각을 설명한다. 추상적인 수준에서, 인생관은 하나의 자연적 필요일 뿐만 아니라, 일종의 절대적으로 필요한 본질이다. 반면에, 구체적인 수준에서, 인생관은 삶의 의미와 목적에 관한 개념을 형성하는 것이다. 따라서 인생관은 매우 중대한 해석과 목적론적인 질문들로 묶여 있다. 이러한 탐구는 인간 존재를 위해서 반드시 필요하기 때문에, 그는 인생관과 인간 존재는 분리될 수 없다고 말한다.

미적인 인생관은, '인생은 즐겨야 한다'는 명제로 요약된다. 어떤 인생관은 건강과 미와 재능과 같은 내적인 것을 즐긴다. 어떤 인생관은 부와 명예와 고귀한 신분, 낭만적인 사랑과 같은 외적인 것을 즐긴다. 그러나 끝없는 쾌락의 추구는 궁극적으로 실망과 슬픔으로 끝난다. 따라서 미적인 인생관은 부도로 끝나기 때문에 윤리적인 인생관으로 삶의 틀을 바꾸어야 한다.

하지만 존재의 윤리적 영역은 마지막 단계인 종교적인 영역의 직전 단계에 불과하다. 키에르케고르는 미적이고 윤리적인 인생관은 특이한 조명의 순간에 새롭게 변화되어야 하며, 그것의 근본적인 전제는 종교적이어야 한다고 주장한다. 종교적인 영역은 존재의 그 전 단계의 모든 것들을 흡수하고, 구원한다. 따라서 삶의 단계에 있어서 종교적 인생관은 최종적이고, 모든 것을 포괄하는 것이다.

케에르케고르에 있어서, 인생관(혹은, 세계관)은 인간 존재의
중심이다. 그는 인생관의 실존적 성격과 추상적 성격을 엄격하게
구분한다. 그는 기독교적 인생관을 인식론적으로 정당화하는 데는
부정적인 생각을 가졌지만 기독교 인생관을 발전시킴에 있어서 그의
실천적이고 실존적인 노력과 업적은 높이 평가할 만하다.

딜타이: 역사 안에서 객관화된 삶

딜타이(Wilhelm Dilthey; 1833-1911)는 세계관을 조직적으로 연구한
선구자라고 불릴 정도로 세계관은 그의 철학에 있어서 중요한
개념이다. 세계관에 대한 딜타이의 사색은 칸트가 자연과학에
대해서 한 것처럼 인문학을 위한 객관적 인식론을 만들기 위한 그의
총체적 시도의 일부분이라고 말할 수 있다. 딜타이는 세계관을
역사적으로 생성된 실체에 대한 관점들이라고 설명한다. 그의
사상은 우리로 하여금 상대주의와 연관된 실증주의 historicism; 모든
사실과 현상은 역사적 생성 과정 속에서 파악해야 하며, 그 가치와
진리도 역사의 발전 과정에서 드러난다고 보는 이론)의 문제와
직면하게 만든다. 딜타이의 사상에서 핵심적인 문제는 역사가
인간의 의식을 형성하느냐 아니냐의 문제가 아니라, 오히려 어떻게,
그리고 무슨 내용으로 인간의 의식을 형성하느냐의 문제이다.
이것은 아마도 신적 계획과 의도라고 보여질 수도 있다.
　딜타이의 사상은 실존철학자 키에르케고르의 사상과 비슷하다.
한 사람에 의해서 실제로 살고 있는 삶을 이해하는 것은 오늘날

모든 사람들에게 있어서 대단히 중요하다. 삶을 이해하려는 노력은 영속적이며, 절대자의 관점에서 실체의 개관을 이해하고자 하는 보편적이고, 형이상학적인 충동에서 시도되었다. 이러한 노력의 최종적 분석에서 딜타이는 형이상학의 역사는 철학적 실패의 역사라고 주장한다. 모든 실체를 하나로 표현할 수 있는 절대적이고 보편타당한 개념적인 전체를 구축하려는 형이상학적 체계는 거짓이라고 말한다.

절대적이고 보편타당한 하나의 체계를 구축하려는 형이상학의 실패를 선언한 딜타이는 하나가 아니라 여러 가지 세계관에 의해서 표현되는 삶에 대한 기본적인 태도들의 분석과 비교를 제안했다. 그의 철학적 과업은 세계관의 역사적 검증이 구체적으로 경험되는 삶의 현장에서 인간의 마음이 우주의 신비로부터 어떻게 의미를 가지게 되는지를 추구하는 것이다.

딜타이는 실증주의 historicism 가 형이상학을 살해했으며, 모든 것들은 유동적인 역사적 과정의 산물이라고 주장한다. 만약 어떤 종류의 세계관이 성취된다면 그것의 출발점은 역사의 조명 아래서 경험의 기초 위에서 삶 자체에 기초해야만 한다. 따라서 모든 세계관의 궁극적 뿌리는 삶 자체이다. 이 삶은 개인들의 사적인 삶이 아니라 그것의 객관적인 표현으로서의 삶이며 어디에서나 동일한 특징들을 가지며 공통적인 형태를 가진 그런 삶이다. 이런 객관화된 삶의 경험이 세계관의 출발점이다. 다시 말하면, 삶의 세계가 세계관을 만들어낸다. 이런 면에서 딜타이는 그의 세계관 이론에서 기능을 상실한 형이상학적 절대주의와 역사적 상대주의가 필연적으로 빠지게 되는 허무주의의 중간 코스를 유지하려고 시도한다.

딜타이는 세계관은 하나가 아니라 여럿이라고 주장한다. 왜냐하면 세계관은 인간 영혼의 구성요소들로부터 나오기 때문이다. 인간의 마음에는 세 가지 구조적 요소인 지 mind, 정 emotion, 의 will 가 있기 때문에 세계관에도 이 세 가지 구조적인 요소가 있다. 세계관은 인간 마음의 구조에 기초하고 있기 때문에 그 다양성에도 불구하고 하나의 구조적 통일성을 가지고 있다. 뿐만 아니라, 앞에서 지적했듯이 삶의 세계가 세계관을 만들어 내기 때문에 세계관은 외부적인 영향에 의해서 내적으로 변동될 수 있다.

딜타이는 세계관을 형이상학의 대안으로 제시한다. 그는 형이상학은 실체를 설명할 수 없다고 주장한다. 자연적 실체를 최종적으로 정의할 수 있는 절대적이고 과학적인 형이상학적 구조물은 존재하지 않기 때문에 인간의 역사적 상태는 회의론적 결론에 도달할 수밖에 없다. 그러나 여기서 인간이 살아가는 삶의 의미를 설명할 수 있는 대안이 세계관이다. 세계관은 인간의 역사적 경험의 우연성에 기초하며 삶의 수수께끼를 풀려고 시도한다. 세계관은 지적, 정서적, 의지적 영역에서 인간 영혼의 구조를 반영할 뿐만 아니라 또한 세계를 조망하는 자의 낙관적 혹은 비관적 태도에 의해서 그들의 세계관 형성에 영향을 미친다.

딜타이는 세계관을 세 개의 기본적인 범주, 즉 자연주의 naturalism, 주관적 관념론 the idealism of freedom, 객관적 관념론 objective idealism 으로 구분한다. 그러나 이 세 개 중에서 그 어떤 것도 전체를 말하지 못하며 하나의 관점을 가질 뿐이라고 말한다. 이러한 상대주의에 대한 딜타이의 딜레마는 니체의 관점주의 perspectivism; 보는 관점에 따라서 대상이 다르게 보이기 때문에, 인식은 관점에 따라서 상대적이라는 이론)에서 논리적 설명을 찾는다.

니체: 실체와 삶에 대한 하나의 관점

니체(Friedrich Nietzsche; 1844-1900)는 칸트의 코페르니쿠스적 전이(사물을 인식함에 있어서 경험론 철학은 인간의 마음은 철저하게 수동적이라고 생각했지만, 칸트는 인식에 있어서 인간 마음의 능동적 역할을 주장했다)에 의해서 시작된 서구철학의 흐름에 정점을 찍는다. 인식의 주체로서 거대한 자아에 대한 문제들, 전능한 지성 mind, 철저한 역사주의 historicism, 생물학적 진화론, 그리고 급진적 상대주의는 니체에 있어서 '신은 죽었다'는 직설적인 말로 표현되었다. 니체에게 있어서 철학적 중심 주제는 세계관과 관점주의의 연관된 개념이다. 니체가 말하는 신의 죽음은 형이상학의 기초를 제공하는 어떤 형태의 초월적 혹은 정신적 범주가 완전히 사라졌다는 것을 의미한다. 남은 것은 오직 자연과 계속적인 역사적 과정뿐이다. 이 둘은 세계와 인간의 삶을 이해하는 두 개의 축 역할을 한다. 이런 면에서 19세기의 자연주의적 실증주의는 결과적으로 니체의 사상적 무대를 형성했다.

니체는 세계관을 실체와 삶의 기본적 개념에 대한 하나의 관점이라는 좀 더 일상적인 방법으로 정의하였다. 그래서 그는 종종 세계관 앞에 관점을 규정하는 형용사(예를 들면 Christian Worldview, Hegelian Worldview 등)를 덧붙인다. 니체에 의하면 인간 존재는 하나의 주어진 지리적 장소와 역사적 상황에서 특정한 문화적 실재에 의존적이며 문화적 실재에 복종하고 문화적 실재의 결과물이기 때문에 세계관은 문화적 실체 entity 라고 생각한다. 세계관은 사람들의 사상과 신념과 행동을 잘 조화시키는 틀을 제공할 뿐만 아니라 특정한 세계관을 추종하는 사람들의 관점에서 보면 다른 세계관과 경쟁할 수 없으며 모든 사물을 이해하고 해석하는 궁극적 기준을 제시한다.

 세계관이 문화적 실체라는 말은 세계관은 인간의 주관적 생각들을 구체화시킨 주관적 창조물이라는 것이다. 인간은 자신이 사물을 이해하는 관점을 자연이나 신이나 법이나 혹은 다른 어떤 당연한 것으로 여겨지는 권위의 탓으로 돌리지만 실상은 자기 자신이 그들의 세계관의 창조라는 사실을 잊고 있다.

니체가 설명하는 관점주의는 세계관과 밀접한 관계가 있다. 관점주의는 사물을 이해하는 관점이 거대하고 포괄적인 스케일에서, 세상을 포함한 모든 가능한 대상의 개인적 고유한 해석에 초점을 맞춘다. 왜냐하면 세계에 대한 개인의 관점은 세상을 바라보는 개인의 세계관이기 때문이다. 관점주의는 세계는 항상 특정한 시각의 관점 안에서 이해된다는 것을 의미한다. 따라서 모든 지식은 이런 관점에 기초한 사물의 해석이다. 이런 면에서 세계관과 관점주의는 밀접한 관계가 있다.

니체에 의하면 객관적인 인격성은 없으며 또한 객관적인 관점 point of view 도 없다. 오직 주관적인 개인들과 개인적이고 상대적인 관점만 있을 뿐이다. 따라서 사상은 감정에 강하게 영향을 받는 인간성의 산물이다. 세상을 해석하는 것은 우리의 필요이다. 그렇지만 절대만족감을 주는 하나의 해석은 있을 수 없다. 인간의 해석이 가미되지 않은 순수사실(pure fact)은 존재할 수 없으며, 다만 수백 개의 해석들과 감정들과 추측들과 예감들과 견해들과 직관들이 있을 뿐이다. 이런 면에서 세계는 다시 한 번 우리에게 무한정의 대상이 되었으며 세계는 무한정의 해석들을 포함하고 있다.

니체는 신은 죽었으며 오직 자연이 존재하고 역사가 다스린다는 기초 위에서 세계관을 구체화된 문화적 구조물로 간주했으며 삶에 대한 특이한 관점으로 이해했다. 그러나 절대적으로 무질서하고 항해할 수 없는 세계에서 인간의 생존을 위해서 세계관은 필요하다. 니체는 그의 철저한 무신론과 철두철미한 자연주의 그리고 과격한 실증주의 때문에 기독교와 충돌을 피할 수 없었다. 그럼에도 불구하고 그의 입장은 세계관을 이해함에 있어서 대단히 중요한 본질적인 통찰을 포함하고 있다. 기독교인을 포함한 모든 사람들은 사물을 자기의 관점으로 본다. 우리에게 알려져야 할 객관적인 세계는 존재한다. 그러나 우리는 항상 그 세계를 우리의 관점에서 이해한다. 이런 면에서 니체의 관점주의는 사물을 인식함에 있어서 세계관의 중요성을 부각시켰다.

일상적 경험의 영역에서 세계관의 적용

앞에서 설명한 내용을 간단히 정리하면, 세계관은 역사적 과정의 산물이며 외부적인 영향에 의해서 내적으로 변화될 수 있는 유동적인 것이다. 만약에 어떤 종류의 세계관이 형성되었다면 그것의 출발점은 특정한 역사의 조명 아래서 특정한 경험의 기초 위에서 살아가는 삶 자체에서 시작한 것이다. 이러한 설명은 일상적인 삶의 영역에 세계관이라는 개념을 적용함에 있어서 대단히 중요한 의미를 내포하고 있다. 간단히 말하면 세계관은 집단적 동질성을 가지는 숲의 성격을 가지고 있음과 동시에 개별적으로 다양성을 가지는 나무의 성격도 가지고 있다.

딜타이에 의하면 모든 세계관의 궁극적 뿌리는 삶 자체이며 이 삶은 개인들의 사적인 삶이 아니라 그것의 객관적인 표현으로서의 삶이며 어디에서나 동일한 특징들을 가지며 공통적인 형태를 가진 그런 삶이다. 이런 객관화된 삶이 세계관의 출발이다. 세계관은 하나가 아니라 여럿이지만 그것들은 인간 마음의 구조에 기초하고 있기 때문에 그 다양성에도 불구하고 하나의 구조적 통일성을 가지고 있다. 이런 면에서, 동일한 역사적 경험과 문화적 상황을 공유한 사람들 사이에서는 강력한 세계관의 동질성을 발견할 수 있다.

세계관이 가지는 집단적 동질성을 사람들의 생김새에 비유하여 설명할 수 있다. 다른 동물들과 구별되는 사람이라는 공통점을 가지고 있기는 하지만 백인의 생김새와 동양 사람들의 생김새는 어떤 설명도 필요하지 않을 정도로 확실하게 다르다. 백인들은 동양 사람들의 생김새를 보고 구분을 잘 하지 못하지만 동양 사람들 중에서도 한국 사람이 다르고 일본 사람이 다르고 중국 사람이 다르다. 한국 사람들과 일본 사람들과 중국 사람들은 각각 그들 나름대로 서로 다른 집단적 역사경험을 가지고 있기 때문에 생김새가 서로 다르듯이 그들의 세계관도 서로 다를 수밖에 없다. 과거 역사에 대한 일본 사람들의 역사의식과 한국 사람들의 역사의식이 얼마나 다른지를 우리는 피부로 느끼며 살아가고 있다.

각각의 민족은 그들 나름대로 특정한 역사적 문화적 경험을 공유하고 있기 때문에 생각하는 것이나 행동하는 것에서 서로 다른 자기들만의 민족적 공통성을 가지고 있다. 대만을 여행할 때 현지 관광 가이드로부터 이런 말을 들은 적이 있다. 관광지에서 단체 관광객들을 보면 그들이 한국 사람인지 중국 사람인지 일본 사람인지 금방 알 수 있다고 한다. 그들을 구별할 수 있는 특징이 무엇이냐고 물었더니 이렇게 대답했다. 남녀 구분할 것이 없이 모두가 시끄럽게 떠드는 사람들은 중국 관광객이고 남자들은 조용한데 여자들만 시끄럽게 떠드는 사람들은 한국 관광객이고 남녀 모두가 조용하게 다니는 사람들은 일본 관광객이라는 것이다. 놀랍게도 이 말은 20여 년 전에 필라델피아에 있는 미국독립기념관에서 관광 안내 일을 하던 백인 친구로부터 들었던 말이다. 백인들은 동양 사람들의 생김새로 봐서는 한국 사람과 중국 사람과 일본 사람들을 거의 구분하지 못한다. 그 친구도 그렇게 말했다. 생김새로는 전혀 알 수 없지만 행동하는 것을 보면 금방 알 수 있다고 했다. 이와 같이 세계관은 특정한 전통과 경험을 공유한 집단에서는 강력한 집단적 동질성을 가진다.

세계관은 강력한 집단적 동질성을 가지는 반면에 그 동질적 집단 안에서도 개인에 따라서 대단히 다양한 특성을 가진다. 왜냐하면 같은 집단 안에 있지만 개개인은 각자 자기 나름대로 출생과 성장 과정에서 자기만의 고유한 개인의 역사를 가지고 있기 때문에 각자가 가지고 있는 세계관은 사람들의 생김새만큼이나 다양하다고 말할 수 있다. 한국 사람과 일본 사람과 중국 사람들의 생김새가 서로 다르다. 그렇다고 해서 한국 사람들은 모두가 다 똑같이 생긴 것이 아니다. 자세히 들여다보면 한국 사람들 중에서도 똑같이 생긴 사람은 한 사람도 없다. 이와 마찬가지로 우리는 한민족이 가지는 집단적 세계관의 특성을 공유하고 있음과 동시에 각자 개개인이 가지는 세계관의 다양성도 가지고 있다.

  세계관이 가지는 이런 개체적 다양성을 니체는 관점주의로 설명하였다. 앞에서 지적했듯이 니체의 관점주의에 의하면 객관적인 인격성은 없으며 객관적인 관점도 없다. 오직 주관적인 개인들과 개인적이고 상대적인 관점만 있을 뿐이다. 따라서 사상은 감정에 강하게 영향을 받는 인간성의 산물이기 때문에 인간의 해석이 가미되지 않은 순수사실은 존재할 수 없으며 다만 수백 개의 해석들과 감정들과 추측들과 견해들과 직관들이 있을 뿐이라고 설명한다.

세계관이 가지고 있는 이런 개체적 다양성을 우리가 살아가는 일상적인 삶의 현장에 적용해 보면 대단히 흥미로운 점들을 발견할 수 있다. 여러 가지 현상들 중에서 네 가지 실례를 들어서 설명하고자 한다.

관심 있는 것만 보인다

첫째, 관심 있는 것만 보인다. 만약에 여러분들이 대형 쇼핑 몰에 갔다면 여러분들은 주로 어느 매장을 찾아갑니까? 여러분들이 자주 가는 그 매장이 여러분들의 관심이 어디에 있는지를 보여주는 것이다. 그 많은 매장과 물건들 중에서 관심 있는 것을 찾아가고 관심 있는 것만 보게 된다. 미국에서 공부할 때 여름에 한국에서 가족들이 여행을 왔다. 처음에 며칠은 관광을 하면서 시간을 보냈다. 후반부에는 여유 시간이 있어서 테니스를 치자고 했다. 그런데 그 때 나는 테니스에 대해서는 완전 초보였을 뿐만 아니라 공부하는 데 바빠서 테니스에 관심을 가질 여유가 없었다. 여행 온 형제들로부터 테니스를 치자는 제안을 받았으니, 손님 접대 차원에서 테니스장으로 데리고 가야 하는데 몇 년을 살고 있는 동네이지만 집 주위에서 테니스장을 본 적이 없다. 그래서 집에서 차를 타고 꽤나 멀리 떨어져 있는 테니스장까지 데리고 갔다. 그 후에 시간이 좀 지난 다음에 내가 테니스에 점점 재미를 붙이기 시작했다. 그 때부터 내 눈에 보이는 것이 엄청나게 달라졌다. 몇 년 동안 전혀 보이지 않던 테니스장이 집 주위에 왜 그렇게도 많은지 차를 타고 모퉁이를 돌

때마다 눈에 들어오는 것이 테니스장이었다. 내가 테니스에 관심이 없을 때는 집 주위에 그렇게 많던 테니스장이 전혀 보이지 않았다.

사람들은 세상의 모든 것을 다 보고 사는 것이 아니다. 자기가 관심 있는 것만 보고 산다. 이것을 속담으로 표현하면 '개 눈에는 x 밖에 안 보인다'는 말이다. 이 속담은 인식론적 관점에서 분석해 보면 대단히 심오한 철학적 진리를 내포하고 있는 말이다.

아는 것만큼 보인다

둘째, 아는 것만큼 보이고 아는 것만큼 들린다. 같은 시간, 같은 장소에서 같은 사물을 보더라도 모든 사람들이 똑같은 것을 보는 것은 결코 아니다. 같은 사물을 보더라도 얼마나 많은 것을 보는지, 얼마나 깊이 있게 보는지는 개개인에 따라서 천차만별이다. 아는 것만큼 보이고, 아는 것만큼 들린다. 관광을 할 때, 가이드를 잘 만나야 하는 이유가 여기에 있다. 그냥 보면 아무런 의미 없이 지나치는 것들도 가이드의 상세한 설명을 듣고 보면 그 의미가 전혀 다르게 느껴지는 것이다.

필라델피아에 있는 웨스트민스터 신학대학원에서 공부할 때 캠퍼스 사역자로 유명하며 기독교 세계관 신학자로도 널리 알려진 프란시스 쉐퍼(Francis A. Schaeffer; 1912-1984)의 책을 읽는 중에 필라델피아 미술관에 소장된 어떤 미술 작품을 언급하면서 설명한 부분을 읽었다. 그 때까지는 미술에 별로 관심이 없었기 때문에 세계적인 미술관이 주위에 있었음에도 불구하고 거기에 가볼 생각을 하지 못했다. 쉐퍼의 책을 읽은 후에는 미술에 대한 관심보다는 쉐퍼가 관심을 가졌던 그림이 어떤 것인지를 확인하고 싶은 마음에 그 곳을 꼭 가보고 싶었다. 방학 때 시간을 내어서 미술관을 방문하였다. 필라델피아 미술관은 사진에서 보던 대로 건물부터 대단히 웅장하고, 규모도 굉장히 컸다. 내 기억으로는 그 때 그 넓은 미술관에 전시된 작품을 다 보는 데 2시간이 채 걸리지 않았다. 대단한 속도가 아닐 수 없다. 그런데 그 때 내가 보았던 한 장면이 아직도 잊혀지지 않는다. 미술관 입구에서 시작하여 전시된 그림을 보면서 안으로 이동할 때 한 할머니가 어떤 그림 앞에서 메모지를 들고 무엇인가를 열심히 적고 있었다. 그런데 그 할머니는 내가 미술관을 다 둘러보고 나올 때도 그 그림 앞에 여전히 서 있었다. 내가 그 많은 그림을 다 보는 동안, 그 할머니는 아직 한 작품도 다 보지 못하고 계속 그 자리에 서 있었다. 나와 그 할머니 중에서 누가 그림을 통하여 더 많은 것을 보았다고 생각하는가?

    아는 것만큼 보이고 아는 것만큼 들린다. 그림에 대한 안목이 없는 나는 그 많은 그림을 보면서도 미술관의 규모와 전시된 그림의 숫자 외에는 그림에 대해서 특별히 본 것이 없다고 말할 수 있다. 예수님도 제자들에게 비유로 말씀하시고 들을 귀 있는 자는 들으라(막 4:9)고 말씀하셨다. 어떤 분야에서 보통 사람들이 볼 수 없고 들을 수 없는 것을 볼 수 있는 안목과 들을 수 있는 귀를 가진 사람을 우리는 전문가라고 부른다. 같은 사물을 보더라도 아는 것만큼 보인다.

마음의 동기가 해석을 결정한다

셋째, 마음의 동기가 보고 듣는 것의 의미와 해석을 결정한다. 같은 사물이나 현상을 보더라도 그것에 대한 해석과 의미 부여는 개인에 따라서 혹은 그 사람의 마음속에 있는 동기에 따라서 전혀 다를 수 있다. 니체가 말한 대로 사상은 감정에 강하게 영향을 받는 인간성의 산물이기 때문에 해석이 전혀 가미되지 않은 순수사실은 존재할 수 없으며 개개인의 마음속에 있는 자세나 동기에 따라서 다양한 견해들과 감정들과 직관적 해석들이 가능하다.

  미국에서 목회할 때의 일이다. 나이가 드신 장로님 부부와 함께 성도들을 심방하고 있었다. 그 장로님은 아들 내외와 딸 내외가 가까이에 살고 있었다. 두 내외는 나이도 비슷하고 둘 다 세탁소를 경영하고 있었다. 세탁소 일은 육체적으로 대단히 힘든 일이다. 특별히 무더운 여름철에는 더욱더 그렇다. 차를 타고 이동하는 중에 장로님이 이렇게 말씀하셨다. 요사이 세탁소 일이 힘이 들어서 아들이 기도생활을 제대로 하지 못할 뿐만 아니라 주일 예배 시간에도 피곤한 기색이 역력하여 마음이 너무나 안타깝다고 하셨다. 그러면서 며느리 험담을 살짝 덧붙였다. 젊은 여자가 조금만 더 부지런하게 남편을 도와주면 참 좋을 텐데 젊은 것이 게을러서 남편보다 더 늦잠을 잔다는 것이었다. 그러는 사이에 한 가정을 심방하고 또 다른 곳으로 이동 중이었다. 이번에는 딸에 대한 애처로운 마음을 털어놓기 시작했다. 요사이 세탁소 일이 너무 힘들어서 딸아이가 지쳐서 아침에 일어나지를 못한다고 마음아파하셨다. 그 말을 듣고 있던 내가 웃으면서, "장로님 뭔가 앞뒤가 잘 맞지 않네요." 하고 넘어간 적이 있다.

그때 장로님과 대화를 통해서 중요한 사실을 하나 발견했다. 부모가 보기에는 며느리가 늦잠을 자는 것은 젊은 것이 게을러서 늦잠을 자는 것이고 딸이 늦잠을 자는 것은 나이도 젊은데 너무 피곤해서 늦잠을 자는 것이다. 같은 사실을 보더라도 마음속의 동기가 해석을 결정한다.

보고 듣는 것이 세계관을 변화시킨다

마지막으로, 보고 듣는 것이 우리 안에 있는 세계관을 변화시킨다. 우리 안에 있는 세계관은 고정된 것이 아니다. 여러 가지 삶의 상황을 직 간접적으로 경험하면서 바뀔 수 있는 유동적인 것이다. 우리가 먹는 음식이 육체적 체질을 바꾸듯이 보고 듣고 경험하는 것이 우리 안에 있는 세계관을 바꾼다. 사회학자들의 의견을 참고하면 일반적으로 TV 드라마에서 등장하는 상황과 현상들이 5년 정도가 지나면 실제 삶의 현장에서도 똑같은 현상이 나타난다고 한다. 처음에는 듣기에 생소한 현상이라 하더라도 TV나 다른 매체를 통해서 5년 정도 지속적으로 보고 들으면 생각이 바뀌어서 자기도 모르게 자연스럽게 그렇게 행동하고 그렇게 살아간다는 것이다. 20-30년 전으로 거슬러 올라가서 TV 드라마에 자주 등장하던 소재인, 외도, 애인 신드롬, 불륜, 이혼, 혼전동거, 동성애와 같은 현상들이 어떻게 실제 삶의 현상으로 나타나는지를 짚어 보면 보고 듣는 것이 우리 안에 있는 세계관을 어떻게 변화시키는지를 충분히 이해할 수 있을 것이다.

세계관은 세상을 보고 듣고 생각하는 틀이다

간단히 정의하면 세계관은 세상을 보고 듣고 생각하는 틀이다. 세계관은 역사적 문화적 경험을 공유한 사람들 사이에 강력한 집단적 동질성을 가지고 있지만 동시에 집단적 동질성 안에서도 개개인에 따라서 매우 다양한 특성을 가진다. 세계관은 고정된 것이 아니라 유동적인 것이다. 보고 듣는 것이 세계관을 변화시킨다. 세계관이 유동적이라는 사실과 보고 듣는 것이 세계관을 변화시킨다는 말은 우리에게 대단히 중요한 실천적 사명을 불러일으킨다.

복음화냐? 세속화냐? 이것은 결국은 세계관의 전쟁이다. 우리는 세계관의 전쟁터에서 살고 있다. 내가 보고 듣는 것으로 인하여 나의 생각이 세속화되느냐? 아니면 내가 보여주고 들려주는 것을 통하여 다른 사람의 생각을 복음화 시킬 것인가? 간단히 말하면 거듭남은 세계관의 변화이다. 성경도 이 사실을 분명히 말씀한다.

"그러므로 믿음은 들음에서 나며, 들음은 그리스도의 말씀으로 말미암았느니라."(롬 10:17)

무엇이 우리의 눈과 귀를 장악하고 있는가? 눈과 귀를 장악하는 쪽이 세계관의 전쟁에서 유리한 고지를 점령할 수밖에 없다. 우리는 건강을 위해서 먹는 음식을 신중하게 선택하는 다이어트를 한다. 그것 이상으로 더 중요한 것은 우리 안에 있는 거룩하고 건강한 세계관을 위해서 보고 듣는 것을 엄격히 통제하는 세계관의 다이어트가 훨씬 더 중요하다. 인간의 삶에 있어서 먹고 마시는 것보다 더 중요한 것은 보고 듣는 것이다.

우리는 예수님의 말씀에서 세계관의 전쟁이 구체적으로 어떻게 진행되는지를 알 수 있다.

"예수께서 이르시되, 너희도 아직까지 깨달음이 없느냐? 17) 입으로 들어가는 모든 것은 배로 들어가서 뒤로 내버려지는 줄 알지 못하느냐? 18) 입에서 나오는 것들은 마음에서 나오나니, 이것이야말로 사람을 더럽게 하느니라. 19) 마음에서 나오는 것은 악한 생각과 살인과 간음과 음란과 도둑질과 거짓 증언과 비방이니, 20) 이런 것들이 사람을 더럽게 하는 것이요, 씻지 않은 손으로 먹는 것은 사람을 더럽게 하지 못하느니라."(마 15:16-20)

기독교 세계관이 중요한 이유가 여기에 있다. '지피지기 知彼知己면, 백전불태 百戰不殆'이다. 〈손자병법〉 모공편에 나오는 말로서, '적을 알고 나를 알면, 백 번을 싸워도 위태롭지 않고 승리한다'는 말이다.

되새김질을 위한 질문

1. '세계관'이라는 말은 무엇을 의미하는지 간단히 정리해 봅시다.

2. 우리의 일상적인 행동에서 세계관은 어떻게 작용하는지 간단하게 정리해 봅시다.

3. 어떤 의미에서 세계관은 안경에 비유될 수 있다고 생각하십니까?

4. '성경적 세계관'의 개념을 간단히 정리해 봅시다.

5. 역사적으로 '세계관'이라는 단어가 어떻게 사용되었는지 간단하게 정리해 봅시다.

6. 헤겔은 역사 발전 과정의 특징을 세계관의 관점에서 어떻게 설명하였습니까?

7. 딜타이는 객관화된 삶의 경험이 세계관의 출발점이라고 주장합니다. 그의 설명에 의하면 삶의 세계가 만들어내는 세계관은 어떤 특징이 있다고 생각하십니까?

8. 세계관은 실체와 삶에 대한 하나의 관점이며 문화적 실체라는 니체의
   주장은 어떤 의미를 내포하고 있다고 생각하십니까?

9. 세계관은 어떤 의미에서 숲과 나무의 성격을 가지고 있다고
   생각하십니까?

10. 다음의 말들을 자신의 구체적인 경험에 비추어서 설명해 봅시다.
    "관심 있는 것만 보인다."
    "아는 것만큼 보이고, 아는 것만큼 들린다."
    "마음의 동기가 보고, 듣는 것의 의미와 해석을 결정한다."
    "보고, 듣는 것이 우리 안에 있는 세계관을 변화시킨다."

11. 세계관이 유동적이라는 사실은 우리에게 어떤 실천적 사명을
    요구한다고 생각하십니까?

Chapter Three

3
기독교 세계관의 체계화 과정

제임스 오어(James Orr; 1844-1913)

아브라함 카이퍼(Abraham Kuyper; 1837-1920)

코넬리우스 밴틸(Cornelius Van Til; 1892-1977)

세계관은 이론 이전에 실천의 문제이다

기독교 세계관의
체계화 과정

3

철학자 칸트에 의해서 사용되기 시작한 세계관 Weltanschauung 이라는
단어는 독일의 관념론 Idealism 과 낭만주의 Romanticism 를 거치면서
철학에서 중요한 개념으로 자리잡게 되었다. 세계관이 하나의
지성적 개념으로 체계화되는 과정을 보면, 하나님의 존재는 인간의
지성적 중심무대에서 주변으로 급격하게 밀려나는 것을 발견하게
된다. 칸트가 인식의 주체로서의 자아의 중요성을 강조하면서부터
인간이 인식의 중심무대로 등장하기 시작했다. 이러한 경향은
철학자 헤겔에 와서 한 단계 더 나아가게 된다. 하나님의 존재는
절대정신이라는 이름으로 인간의 의식 속에 스며들었다. 이제는
인간 존재를 떠나서는 하나님의 존재는 발견할 수 없게 된 것이다.
어떤 면에서 보면 하나님의 존재가 인간에게 의존하는 의존적인
존재로 전락하고 말았다.

    인간의 의식 속에 스며든 하나님의 존재는 역사적 과정 속에서
인간의식을 통하여 자기를 간접적으로 표현하는 초라한 모습으로

변해버렸다. 이제는 역사가 인간 지성의 중심무대가 되었다.
이런 흐름은 딜타이의 실증주의 historicism 에 와서 구체화되었다.
세상에 존재하는 사물들을 이해하고 설명하는 하나의 절대적이고
보편타당한 개념은 존재하지 않는다. 모든 것들은 유동적인 역사적
산물이며 그것도 하나의 세계관으로 존재하는 것이 아니라 여러
개의 세계관으로 존재하며 어느 하나도 전체를 말하지 못한다. 오직
하나의 관점을 가질 뿐이라는 상대주의에 빠지게 된다.

  인간의 마음이 사물의 인식에서 능동적인 지위를 가진다고
주장한 칸트에게서 시작된 계몽주의 철학의 흐름은 니체에 와서
정점을 찍는다. 니체는 그의 앞선 선배들이 고민했던 인식의
주체로서의 자아, 자연주의, 역사주의, 상대주의에 대한 문제들을
'신은 죽었다'는 직설적인 말로 표현했다. 니체가 말하는 신의
죽음은 사물을 인식하는 어떤 형태의 초월적인 근거도 완전히
사라졌음을 의미한다. 남은 것은 오직 자연과 계속적인 역사의
과정뿐이다. 따라서 니체의 세계관은 신은 죽었으며 오직 자연이
존재하고 역사가 다스린다는 기초 위에서 삶을 해석하고 문화를
구축하는 것이다. 니체의 이러한 무신론과 철저한 자연주의 과격한
실증주의는 기독교와 충돌을 피할 수 없다.

  무신론적 세계관이 지성과 문화의 주도권을 장악한 상황은
기독교 복음에 엄청난 위협이 아닐 수 없다. 세계관은 인간 삶의
일정한 한 부분을 설명하는 것이 아니라 삶의 전 영역을 설명하는
이론적 틀이기 때문에 무신론적이 세계관이 주도권을 잡으면
기독교는 더 이상 설 자리가 없어진다. 이러한 총체적 위기를 인식한

사람들에 의해서 기독교 세계관이 모든 사물과 삶을 해석하는 틀로서 체계를 잡아가기 시작했다. 기독교 세계관을 체계화시킨 신학자들의 과업은 삶의 전 영역에서 공격해 오는 세속적인 세계관의 도전에 대해서 성경에 기초한 기독교 세계관을 모든 실체와 인생을 체계적이고 총체적으로 해석하는 대안으로 제시하는 것이었다.

 기독교 세계관은 하나님의 말씀에 기초하여 세상과 인생에 대하여 종합적이고 체계적인 해석을 제공하려는 시도에서 시작되었다. 기독교는 창조세계 전체를 해석하는 원리와 틀을 제공한다. 성경적 원리와 관점에서 세상과 삶의 모든 영역을 해석하는 기독교 세계관을 신학적 체계로 발전시킨 중요한 인물은 종교개혁자 존 칼빈(John Calvin; 1509-64)의 전통에 속한 스코틀랜드의 장로교 신학자 제임스 오어 James Orr 와 네덜란드의 칼빈주의 신학자 아브라함 카이퍼 Abraham Kuyper 이다. 이들에게서 시작된 기독교 세계관은 그의 후학들을 통하여 네덜란드와 미국에서 신학뿐만 아니라 철학과 교육학을 비롯한 학문의 전 영역에 큰 영향력을 미치게 되었다.

제임스 오어(James Orr; 1844-1913)

오어 Orr 가 활동하던 시대는 서구 사회가 급격한 변화를 겪고 있던 시기였다. 철학자 니체와 같은 연도에 출생한 오어의 활동시기는 니체의 활동시기와 거의 정확하게 겹친다는 사실이 그가 활동하던 시대의 지성적, 문화적 환경이 어떠했는지를 잘 대변해 준다. 문화적으로는 기독교가 지배하던 시대는 저물어 가고 기독교 후기 시대로 접어드는 시기였다. 이런 상황에서 오어는 무신론적 사상의 공격으로부터 기독교의 복음을 방어하고 설명해야 한다는 거룩한 부담감을 느끼게 되었다.

    오어가 세속의 공격으로부터 복음을 변증하기 위하여 선택한 전략이 기독교 세계관이었다. 세속적 세계관의 총체적 공격으로부터 복음을 효과적으로 방어하기 위해서는 보다 종합적이고 총체적인 대응이 필요하다는 것을 절감했다. 기독교가 직면한 도전은 기독교의 특정한 교리에 국한된 공격이 아니라 세상과 삶의 전 영역을 포괄하는 총체적인 공격이었다. 다시 말하면 복음에 대한 공격은 세부적인 교리에 대한 공격이 아니라, 근본적인 원리에 대한 공격이다. 따라서 오어의 신학적 과제는 기독교의 복음을 하나의 총체적인 세계관으로 설명하는 것이었다.

    복음의 변증을 위하여 세계관적 전략을 선택한 오어는 세계관의 생성과정을 자세히 점검하였다. 오어는 세계관의 기원을 철학자 칸트에서 찾는다. 칸트에게서 시작된 세계관은 19세기 중반부터 중요한 개념으로 자리 잡게 되었으며 실체를 해석하는 새로운 관점으로 사용되고 있음을 알았다. 그러면서 오어는 세계관이 실체를 해석하는 틀로서 체계화된 원인을 두 가지로 정리한다. 하나는, 우주의 총체적이고 통일된 이해를 추구하는 인간의 열망에서 시작되었다는 것이다. 인간의 마음은 실체에 대한 파편적인 지식으로는 만족하지 못하기 때문에, 세계관은 실체에 대한 총체적인 이해를 추구하는 데서 시작된 것이다. 다른 하나는, 삶의 현장에서 발생하는 여러 가지 문제에 답변하려는 동기에서 시작되었다는 것이다. 세계관은 사람들이 세상과 인생의 궁극적 문제를 바라보는 틀을 추구하는 마음에서 생성된 것이다. 이런 시대적 요구에 효과적으로 대응하기 위해서는 복음을 단순히 구원의 교리로만 설명할 것이 아니라 세상과 삶에 대한 총체적인 해석의 틀로서 복음을 제시해야 한다. 하나의 세계관으로서 기독교는 세상과 인생의 목적을 창조자 하나님의 관점에서 설명하고 성경에 계시된 말씀의 원리에 기초하여 모든 사물을 하나의 질서정연한 전체로 통합한다.

오어는 복음에 대한 세계관적 고민과 탐구를 1891년 에딘버러에 있는 연합장로교 신학대학 the United Presbyterian Theological College 에서 주관하는 케어 강좌 Kerr Lectures 에서 체계화된 신학으로 발표하였다. 케어 강좌에 초청을 받은 오어는 기독교 신앙을 세계관으로 설명하였다. 그의 강의는 1893년에 〈하나님과 세상에 대한 기독교적 관점〉 The Christian View of God and the World 이라는 책으로 출판되었다. 이 책으로 인하여 오어는 신학자로서 변증가로서의 명성을 얻게 되었다.

  오어의 목표는 하나님과 세상에 대한 기독교적 관점을 체계적인 방법으로 제시하는 것이었다. 그에 의하면 기독교 신앙은 모든 사물에 관한 가장 고상한 원리와 하나의 아름다운 조화를 이룬 통합적 인생에 대한 관점을 발전시킬 수 있는 기초를 제공한다. 이런 면에서 그는 세계관의 개념이 기독교를 하나의 총체적인 체계로 정리하고 설명할 수 있게 만들었다고 믿었다.

뿐만 아니라 실체에 대한 기독교의 관점은 하나의 초점을 가진다. 그 초점은 인간의 몸을 입고 역사 가운데로 오신 하나님의 아들 예수 그리스도에 기초한 것이다. 그는 예수 그리스도의 복음이 제시하는 하나님에 대한 관점, 인간에 대한 관점, 죄에 대한 관점, 구원에 대한 관점, 인간의 운명에 대한 관점에 집중했다. 이것이 세상과 인간의 삶에 대한 기독교의 관점을 형성한다. 따라서 오어에 의하면 기독교는 그리스도의 관점에서 실체를 해석하고 설명하는 그리스도 중심적 세계관이다.

오어는 기독교를 하나의 세계관으로 제시하는 것은 몇 가지 장점이 있다고 말한다. 첫째는 기독교와 반기독교적인 현대적 이론의 차이점을 분명하게 드러나게 한다. 기독교는 초자연적인 하나님의 계시에 기초하여 세상을 해석하는 관점을 제공하지만 현대적 사상들은 철저하게 자연주의적 관점에서 세상을 해석한다. 둘째, 세계관적 사고는 기적에 대한 논쟁을 바꾸어 놓았다. 기적에 대한 논쟁은 이제 더 이상 세부적인 사실에 대한 논쟁이 아니라 자연을 초자연적 관점에서 이해할 것인지 아니면 철저하게 자연주의적 관점에서 이해할 것인지의 논쟁으로 바뀌었다. 다시 말하면 기적에 대한 논쟁은 궁극적으로 세계관에 관한 논쟁이라는 것이다. 셋째, 세계관적 전략은 기독교를 반대하는 관점들에 대한 대응방법을 바꾸었다. 기독교를 반대하는 세속적인 공격에 놀랄 필요도 없고 거기에 기독교의 복음을 맞추려고 시도할 필요도 없다. 기독교 세계관은 모든 진리를 그리스도에게로 통합하고 재결합하는 훨씬 더 고차원적인 사상 체계이다. 마지막으로, 세계관적 사고는 구약과 신약을 하나로 통합한다. 신구약 성경에 기초한 기독교는 하나님의 계시에 기초해서 세상과 삶을 해석하고 설명하는 총체적 세계관이다.

오어는 영어권에서 첫 번째로 세계관 신학자의 지위를 가지는 데 전혀 손색이 없다. 그는 기독교 세계관이 서구의 영혼들을 구원하기 위하여 창조자 하나님을 부정하는 현대 자연주의 Naturalism 와 세계적 규모의 치열한 영적 전쟁을 벌여야 한다는 사실을 알았다. 이런 상황에서 오어는 종교개혁의 전통을 계승한 신학자였으며, 후대들에게는 기독교는 총체적이고 조직적인 세계관이라는 전통을 물려주었다.

오어의 신학적 유산을 직접적으로 계승한 제자들로서는 고든 클락(Gordon Clark; 1902-86)과 복음주의 신학자 칼 헨리(Carl F. H. Henry; 1913-2003)가 있다. 이들은 북미에서 복음주의 신학계에 오어가 시작한 세계관적 사고를 지속적으로 불어 넣었다. 실체에 대한 총체적 해석과 설명의 틀로서 자연주의가 현대인의 마음을 포위하고 있는 상황에서, 기독교가 자연주의의 공격을 효과적으로 방어하기 위해서는 기독교 역시 총체적인 관점에서 실체를 해석하고 설명해야 한다. 기독교는 세상과 인생을 총체적 관점에서 해석하고 설명하는 세계관이다.

아브라함 카이퍼(Abraham Kuyper; 1837-1920)

기독교 복음이 세속적인 세계관으로부터 전면적인 공격을 받는 상황에서, 오어는 기독교 신앙은 모든 사물에 관한 가장 고상한 원리와 인생의 관점을 발전시킬 수 있는 올바른 관점을 제공한다고 주장하면서 복음의 세계관적 대응을 주창하였다. 이런 오어의 대응은 조금 뒤에 네덜란드의 신학자요, 교육자이며, 정치가인 아브라함 카이퍼를 통하여 더 큰 메아리로 울려 퍼지게 되었다. 복음의 세계관적 대응에 있어서 오어와 카이퍼의 차이점이 있다면 현대주의 modernism 에 대응하는 세계관으로 오어는 기독교 세계관의 장점을 강조하는 반면에, 카이퍼는 칼빈주의적 세계관을 대안으로 제시한다. 하지만 카이퍼가 칼빈주의에 근거하여 기독교 세계관을 사상적 틀로서 체계화하는 과정에서 오어의 영향을 결코 무시할 수 없다.

제 일 원리: 하나님의 주권

카이퍼는 지성과 실천적 삶에 있어서 천재적인 리더십을 발휘하였다. 그는 그의 영적인 비전을 삶의 현장에서 구체화시키는 기관으로 1880년에 네덜란드에 자유대학교 Free University 를 설립하였으며, 그 자신도 1901년부터 1905년까지 네덜란드의 수상을 역임하였다.

카이퍼의 지성과 실천적 삶을 이끌어가는 근본적인 원리는 종교개혁자 칼빈 John Calvin 으로부터 시작된 강력한 영적 비전이다.
칼빈의 영적 비전은 실재와 삶과 사상과 문화를 포함하는 삶의 모든
영역을 다스리는 하나님의 주권에 집중되어 있다. 다시 말하면
카이퍼의 지성과 실천적인 삶을 이끌어가는 첫 번째 원리는 창조자
하나님께서 세계와 삶의 모든 영역을 다스리신다는 성경적 하나님의
주권사상이다. 카이퍼는 자유대학교의 개교 연설에서 이 세상과
우리의 삶의 영역에서 그리스도의 주권이 미치지 않는 영역은
손톱만큼(1평방 인치)도 없다고 선포하였다.

　카이퍼에 의하면 칼빈주의 Calvinism 는 단순히 교회의 정치형태나
교리가 아니라 모든 것을 포괄하는 세계관으로서 역사적, 철학적,
정치적 관점을 다 포함하는 것이다. 역사적으로는 종교개혁자
칼빈의 사상에 관한 것이며 철학적으로는 칼빈의 영향 아래서
삶의 여러 영역을 지배하고 있는 개념들의 체계에 관한 것이며
정치적으로는 네덜란드와 영국과 미국에서 시행되고 있는 헌법적
자유주의 정치제도에 관한 것이다.

　카이퍼는 칼빈주의 Calvinism 와 개혁주의 Reformed 를 구분하였는데,
개혁주의는 주로 교회와 종교적이고 교리적인 문제를 다루는 명칭인
반면에 칼빈주의는 교회와 신학뿐만 아니라 학문과 예술에 있어서
사회적 정치적 삶을 포함하는 사회 전 영역에 적용되는 명칭이라고
주장한다. 이러한 카이퍼의 구분을 그의 동료이자 네덜란드의
유명한 개혁주의 신학자인 헤르만 바빙크(Herman Bavinck; 1854-1921)도
동의하였다. 카이퍼는 칼빈주의라는 용어에 만족하지 못하고
한 단계 더 나아가서 때로는 '신칼빈주의' neo-Calvinsim 라는 용어를

선호했다. 이렇게 한 이유는 종교개혁자 칼빈의 근본 사상을 현대의 상황에 보다 더 철저하고 일관성 있게 적용하자는 데 있었다.

칼빈주의에 기초한 세계관에 관한 카이퍼의 사상은 1898년 미국의 프린스톤대학교에서 행한 스톤강좌 Stone Lectures 에서 체계적인 모습으로 발표되었다. 이 강연은 〈칼빈주의에 대한 강연〉 Lectures on Calvinism 이라는 책으로 출판되었다. 카이퍼는 '삶의 체계로서의 칼빈주의' Calvinism a Life-System 라는 제목으로 행한 첫 번째 강의에서 세계관에 관한 그의 기본적인 생각을 요약했다. 카이퍼가 선택한 '삶의 체계' life-system 라는 용어는 독일어로 Weltanschauung (세계관), 영어로 Worldview (세계관)와 같은 의미로 사용되었다. 카이퍼가 첫 번째 강의 제목을 '삶의 체계로서의 칼빈주의'라고 결정한 의도는 칼빈주의가 교회론이나 신학에 제한된 개념이 아니라 삶의 전 영역을 포함하는 원리라는 것을 강조하기 위한 것이었다. 카이퍼는 자신의 칼빈주의 강의는 칼빈주의 세계관과 현대적 세계관의 충돌, 즉 현대주의 Modernism 와 칼빈주의 Calvinism 의 전쟁이라고 주장했다.

 카이퍼는 그의 강연에서 현대주의 Modernism 를 기독교와 정면으로 반대되는 세계관으로 정의하였다. 그의 분석에 의하면, 현대주의는 프랑스 혁명의 원리와 다윈의 진화론, 그리고 독일의 범신론이라는 세 가지 요소를 가지고 있으며 이 모든 요소는 불신앙이라는 하나의 뿌리에서 나온 서로 다른 가지라고 주장한다. 현대주의 세계관은 창조자 하나님보다는 인간으로부터 출발한 것이다. 이 세계관은 인간의 실존을 설명함에 있어서, 하나님의 계시에 의존하지 않고,

자연적 자료에 근거한다. 이것은 1789년 프랑스 혁명에서 절정을 이룬 혁명적 원리의 직접적인 결과라고 주장한다.

카이퍼의 분석에 의하면, 프랑스 혁명의 원리는 반기독교적인 것이다. '하나님은 없으며, 주인도 없다' No God, No Master 는 혁명의 구호는 교회뿐만 아니라, 삶의 모든 영역에서 하나님을 제거하는 종교적 파괴행위이다. 이 혁명의 원리가 현대주의 세계관이 등장하는 길을 닦아 놓았다는 것이다. 따라서 카이퍼는 현대주의 세계관을 하나님 주권에서 인간 주권으로 옮겨간 새로운 형태의 종교라고 정의했다.

프랑스에서 혁명으로 나타난 현대주의의 홍수는 독일에서는 범신론 Pantheism 으로 나타났다. 범신론은 창조질서에 있어서 하나님이 정하신 창조자와 피조물의 경계를 지우는 것을 목적으로 한다. 하나님을 진보와 동일시함으로써 창조자 하나님과 피조물인 세계의 구분을 없애버렸다. 따라서 하나님은 단지 세계의 힘으로 전락했으며 하나님의 의식적 활동은 인간의 삶 속에 용해되어 버렸다.

창조자와 피조물의 경계를 지운 것은 모든 분야에서 도덕적 자각을 약화시켜 버렸다. 개인적인 영역에서는 하나님에 대한 경외심이 사라졌으며 예배가 파괴되었다. 정치적 영역에서는 하나님이 부여한 권력으로서의 권위와 하나님이 부여하신 권위에 복종해야 하는 백성 사이의 경계가 사라졌다. 이렇게 되면, 국가가 모든 권위를 결정하는 하나님의 자리를 차지하게 된다. 국가가 정한 법이 모든 도덕적 가치의 기준이 되고 국가가 도덕적 가치를 창조한다. 이것은 두 가지 측면의 위협에 직면하게 된다. 국가의 입장에서 보면, 국가가 모든 것을 결정하는 국가절대주의가 등장하게 된다. 반면에, 국민들 편에서 보면, 어떤 권위에도 복종할 필요가 없다는 무정부상태가 등장하게 되는 것이다.

카이퍼에 의하면 범신론은 실제적인 삶의 현장에서 많은 영향을 미쳤다. 사회적이고 정치적인 영역에서는 진보를 숭상하고 그로 인한 국가절대주의가 등장하는 위험이 있으며 종교적인 면에서는 교리의 중요성을 약화시키는 시도들이 계속되고 신비주의 종교들이 등장하는 길을 열어놓았다. 학문적인 영역에서는 진화론이 광범위하게 확산되었다. 진화론 Evolutionism 은 자연과학을 해석하는 데 범신론적 철학을 사용한 결과로 생겨난 것이다. 이렇게 등장한 진화론은 자연과학을 해석하는 원리로 사용되는 데 그치지 않고, 사회과학을 포함한 모든 영역에 지대한 영향을 미치고 있다. '사회적 다윈주의' Social Darwinism 라는 표현이 진화론의 영향력을 잘 보여준다.

이렇게 본다면, 세계관의 전쟁은 단순히 종교와 과학간의 전쟁이 아니라 자연과학과 사회과학을 포함하는 모든 학문적 탐구에 있어서 서로 다른 두 개의 삶의 체계 사이의 전쟁이라고 말할 수 있다. 세계가 정상이라고 주장하는 사람들은 세계는 진화론의 체계에 의해서 잘 작동하고 있다고 주장하는 철저한 자연주의 Naturalism 입장을 취한다. 반면에 세계는 죄로 인하여 타락하였으며 창조 질서가 깨어졌다고 주장하는 사람들은 거듭나게 하는 힘에 의해서만 창조 세계가 원래의 질서로 회복될 수 있다고 주장하는 유신론 Theism 적 입장을 취한다. 따라서 세계관의 충돌은 두 종류의 서로 다른 해석의 원리에 의한 서로 다른 삶의 체계 사이의 전쟁이라는 것이다.

제 이 원리: 행동의 중심으로서 인간의 마음

카이퍼는 서로 다른 두 종류의 해석의 원리와 그것에 의한 서로 다른 두 종류의 삶의 체계가 있기 때문에, 결과적으로 두 종류의 사람이 있으며 두 종류의 학문이 있다고 주장한다. 두 종류의 사람들 사이의 차이점은 그들의 마음 상태에 달려 있다고 한다. 여기서 카이퍼의 세계관을 형성하는 두 번째 중요한 원리를 발견할 수 있다. 그의 첫 번째 원리는 하나님에 의해서 창조된 세계와 인간의 모든 영역을 다스리는 창조자 하나님의 절대주권이다. 두 번째 원리는 마음이 인간의 모든 행동을 관장하는 중심이라는 것이다.

 인간의 마음이 일상적인 삶의 실제적인 행동뿐만 아니라, 학문적인 영역의 모든 행동까지 포함하는 인간의 모든 행동을 관장하는 중심이라는 사상은 하나님의 절대주권 사상과 밀접한 관계를 가지고 있다. 하나님은 창조 세계의 모든 영역에 절대 주권을 가지고 있다. 그렇기 때문에 인간의 모든 삶의 영역도 하나님의 주권 아래에 있다. 마음이 인간 존재의 중심이며 모든 행동의 중심이기 때문에 하나님께로 향한 마음을 가지고 있는 사람은 그의 모든 행동을 하나님을 섬기는 쪽으로 연관시킬 수밖에 없다. 하나님의 주권과 온 마음을 다하여 하나님을 사랑하라는 성경의 요구는 삶의 모든 영역에 적용된다. 종교적인 영역뿐만 아니라 흔히 세속적인 영역이라고 표현하는 일상적인 삶의 모든 영역에 공통적으로 적용된다.

　하나님의 주권과 인간 행동의 중심으로서 마음이 서로 밀접하게 연관되어 있기 때문에 하나님의 주권아래 살아가는 삶에는 거룩한 sacred 영역과 세속적 secular 인 영역의 구분이 있을 수 없다. 삶 전체로써 창조자 하나님을 섬겨야 하고, 삶의 전 영역에서 하나님의 영광을 드러내야 한다. 삶의 영역에서 거룩한 영역과 세속적인 영역의 구분이 있을 수 없듯이 직업에도 거룩한 직업과 세속적인 직업의 구분이 있을 수 없다. 우리는 삶의 어떤 영역에서, 어떤 직업으로 부름을 받았든지 거기서 하나님의 영광을 드러낼 책임과 사명을 가진다.

두 종류의 사람과 두 종류의 학문을 구분하는 결정적인 기준은 인간의 마음이다. 카이퍼에 의하면, 인간의 마음은 영적으로 거듭났느냐 거듭나지 않았느냐에 따라서 둘로 구분된다. 기독교 세계관으로 거듭난 사람은 일상적인 삶의 영역에서뿐만 아니라 학문적인 영역에서도 하나님을 섬기며 하나님의 영광을 드러내는 유신론적인 해석을 제시하지만 거듭나지 못하고 하나님께 불순종하는 비기독교적인 세계관을 가진 사람은 하나님을 부정하는 우상숭배적인 학문을 제시한다. 카이퍼는 거듭난 사람과 거듭나지 않은 사람 사이에 존재하는 정반대되는 관점을 '대립' antithesis 이라는 개념으로 설명한다.

　과학적 사고도 모든 사람들에게 동일한 것이 아니다. 그것은 그 사람이 영적으로 거듭났느냐, 거듭나지 않았느냐에 달려 있다.

과학적 이론은 종교적 배경의 한 기능이며 과학자나 이론가의 철학적 방향성이다. 이런 면에서 카이퍼는 거듭남의 개념을 개인적인 구원의 영역을 넘어서서 우주적 회복의 원리로까지 확장시킨다.

세계의 총체적 회복으로서의 구원의 개념을 카이퍼는 '거듭남 운동' Palingenesis Movement 이라는 개념으로 설명한다. 구원은 죄로부터의 회복뿐만 아니라 인간 의식의 회복을 포함한다. 인간의 회복된 의식은 세상과 삶을 창조자 하나님의 관점에서 보고 해석한다. 따라서 인간의 사상과 문화를 포함하는 삶의 모든 영역에서 거듭난 의식 redeemed consciousness 으로 모든 대상에 대해서 영적으로 민감하고도 총체적인 해석을 제시하는 것이 카이퍼의 세계관적 비전이 가지는 핵심이다. 거기에는 거듭나지 않은 마음에서 나오는 세계관과의 영적인 대립 antithesis 이 존재한다.

역사적 영향

카이퍼의 사상은 두 가지 영역에서 역사적으로 지대한 영향을 끼쳤다. 첫 번째 영역은 철학을 포함한 일반 학문의 영역이다. 카이퍼는 '거듭남' palingenesis 의 개념을 통해서 인간의 이성은 그 작용에 있어서 중립적이지 않으며, 오히려 모든 생각과 행동을 통제하는 미리 전제된 가정들의 한 세트에 의해서 영향을 받는다는 것을 보여 주었다. 이런 인식은 학문적 탐구의 중립성과 객관성이라는 현대적 이상에 대한 강력한 비판으로 작용하였다.

모든 이론은 '전제된 믿음의 헌신' presupposition 으로부터 나오는 것이다. 이런 관점을 '카이퍼적 전제주의' Kuyperian Presuppositionalism 라고 부른다. 카이퍼의 사상은 그 다음 세대인 볼렌호벤(D. H. T. Vollenhoven; 1892-1978)과 도이베르트(Herman Dooyeweerd; 1894-1977)와 같은 기독교 철학자들을 통하여 계승되었다. 뿐만 아니라 미국으로 건너온 네덜란드 이민자들에 의해서 세워진 칼빈대학 Calvin College in Grand Rapids, Michigan 을 통하여 더 광범위하게 확산되었다. 칼빈대학에서 공부한 알빈 플랜팅가(Alvin Plantinga; 1932-)와 니콜라스 월터스토프 (Nicholas Wolterstorff; 1932-)와 같은 철학자들을 통하여 미국 철학계에 '개혁주의 인식론' Reformed Epistemology 이라는 하나의 학파가 형성되었다.

카이퍼가 지대한 영향을 끼친 또 하나의 영역은 신학, 특별히 변증학의 영역이다. 총체적인 세계관으로서의 기독교에 대한 카이퍼의 접근은 전통적인 변증학적 전략에 대안을 제시했다. 변증학은 세부적인 사실이나 증거에 집중하는 차원을 넘어서 이론과 인식의 밑바탕에 깔려 있는 전제 presupposition 의 영향을 인식하는 것이 중요하다. 다시 말하면, 변증학적 전쟁은 근저에 깔려 있는 세계관이라는 보다 근본적인 차원에서 수행되어야 한다는 것이다.
　　카이퍼가 제시한 전제론적 비평이라는 변증학적 과제는 학문적으로 카이퍼의 영향 아래에 있는 칼빈대학에서 공부하고, 웨스트민스터 신학대학원 Westminster Theological Seminary in Philadelphia 에서 변증학을 가르친 코넬리우스 밴틸(Cornelius Van Til; 1895-1987)에 의해서 계승 발전되었다. 밴틸은 카이퍼의 책들을 표지가 떨어질 정도로 반복해서 읽었다고 말할 정도로 그의 영향을 많이 받았다. 밴틸은 카이퍼의 세계관의 충돌로서의 변증학과 학문적 이론의 전제론적 비평을 그의 변증학에 적용하여 '전제론적 변증학' Presuppositional Apologetics 이라는 신학의 한 학파를 형성하였다. 이런 흐름에는 복음 전도자로, 대중적인 기독교 변증가로 활동한 프란시스 쉐퍼(Francis A. Schaeffer; 1912-1984)도 포함된다.

코넬리우스 밴틸(Cornelius Van Til; 1892-1977)

밴틸은 카이퍼의 세계관적 비전과 원리 위에서 그의 변증학을 전개하였다. 카이퍼의 핵심 원리는 그리스도가 인간의 모든 삶의 영역에서 주인이라는 하나님의 주권 사상이다. 모든 사상과 모든 학문과 훈련은 그리스도의 통치아래 순종해야 한다. 달리 표현하면, 인간의 모든 사상과 모든 행동은 성경에 기초한 기독교 세계관에 의해서 다스려져야 한다. 기독교 세계관은 철학, 신학, 정치학, 경제학을 포함한 모든 세속적인 이념들과는 대립적 antithetic 이다. 이 말은 카이퍼의 세계관적 비전은 인간의 모든 학문과 문화적 영역에 적용되어야 된다는 것을 의미한다. 그래서 카이퍼의 제자들은 각자 자기의 영역에서 성경에 기초한 기독교 세계관의 원리를 적용하여 학문 활동을 하였다. 그들 중에서 밴틸은 카이퍼의 세계관적 비전과 원리를 기독교 변증학에 적용한 신학자이다.

    변증학은 기독교의 신앙이 거짓이며 일관성이 없고 믿을 수 없는 것이라는 비판에 대해서 기독교의 신앙을 변호하는 학문이며 베드로전서 3:15-16절에 기록된 명령을 수행하도록 성도들을 도움으로써 하나님을 섬기고 교회를 섬기는 것을 목표로 한다. 이런 면에서 변증학은 두 가지 세부적인 사명을 가지게 된다. 한편으로는 성도들에게 기독교 복음을 효과적으로 전하고 설명할 수 있도록 훈련시키고 준비시키는 것이다. 다른 한편으로는 불신자들에게 성경적인 삶의 원리를 적용하는 것이다.

그런데 앞에서 설명하였듯이 모든 사람은 각자 자기의 세계관을 가지고 있으며, 불신자들은 기독교 복음에 대립적인 세계관을 가지고 있다는 것이 문제이다. 그렇기 때문에 불신자들에게 복음을 제시하고 성경적인 삶의 원리를 적용하는 것은 세계관의 충돌을 피할 수 없게 만든다. 이런 이유로 밴틸은 변증학을 단순히 세부적인 종교적 주장이나 결론에 대한 논증이 아니라 신자들과 불신자들 사이에 존재하는 서로 대립적인 세계관 사이의 죽느냐 사느냐의 문제가 걸린 영적 전쟁으로 보았다. 불신자들에게 복음을 제시하고 성경적인 삶의 원리를 적용시키는 것을 목표로 하는 변증학은 삶의 현장에서 세계관적 전쟁을 수행하는 학문이 될 수밖에 없다.

베드로전서 3장15절(너희 마음에 그리스도를 주로 삼아 거룩하게 하고, 너희 속에 있는 소망에 관한 이유를 묻는 자에게는 대답할 것을 항상 준비하되, 온유와 두려움으로 하고)에 의하면 기독교 복음을 변호하고 설명하는 사람의 전제 조건은 '그리스도를 마음의 주'로 삼아야 한다. 불신자들에게 복음을 설명하고 제시하는 모든 과정에서 그리스도가 우리의 신학과 논리와 모든 증거의 궁극적인 권위를 가져야 한다. 그리스도에 대한 절대적 헌신과 순종이 우리의 지적, 수사학적 노력을 포함한 모든 활동에 적용되어야 한다. 이것은 모든 변증가는 복음을 변호하고 제시하는 노력의 처음부터 마지막까지 하나님의 계시에 근거한 진리를 전제해야 한다는 것을 의미한다. 그래서 '하나님 아는 것을 대적하여 높아진 것을 다 무너뜨리고, 모든 생각을 사로잡아 그리스도에게 복종하게'(고후 10:5) 해야 한다.

전제(Presupposition)

'전제' presupposition 라는 말의 사전적 의미는 어떤 추론이나 의견을 형성하는 과정에서 묵시적으로 선행되는 가정이나 가설이다. 그러나 카이퍼나 밴틸에 있어서 전제는 어떤 논쟁에 있어서 단순히 어떤 가설이나 가정이 아니라, 어떤 사람의 사상이나 신념의 체계를 떠받치는 가장 근본적인 동기에 대한 전인격적 헌신 Total Commitment 이다. 이 전제에 의해서 그 사람의 모든 인식과 사물에 대한 해석의 방향과 내용이 결정된다. 따라서 전제는 그 사람의 사상적 추론에 있어서 최종적인 권위를 가지며 거의 타협 불가능한 신념의 체계를 형성하며 쉽게 변화되지 않는 탄탄한 기초로 작용한다. 다른 말로 표현하면 전제는 최종적인 권위에 관한 문제이다. 신자들에게 있어서 최종적 권위의 기초로서 전제의 근원은 하나님의 계시인 반면에 불신자들은 하나님의 말씀 이외의 다른 것을 권위의 기초로 삼고 논리적 추론을 전개하고 행동한다.

학문적인 영역에서 전제 Presupposition 라는 개념이 형성된 과정은 앞에서 살펴본 세계관의 개념형성 과정과 비슷하다. 철학자 칸트는 회의론에 빠질 수밖에 없는 경험론의 도전에 대해서 우리의 인식은 순수한 경험에 의존한 것이 아니라 우리 안에 경험 이전에 사물에 대한 이해와 해석을 가능하게 하는 무엇이 있다고 주장한다. 경험론은 우리의 마음은 백지상태와 같아서 우리의 감각을 통한 경험에 의해서 지식이 습득된다고 주장한다. 거기에 반해서, 칸트는 우리 마음에 감각적 경험과 관계없이 지식을 가능하게 하는 선험적 지식이 감각적 경험의 영역을 넘어서 초월적으로 주어졌다는 것이다. 경험의 영역을 넘어서 우리의 지식과 해석의 의미를 가능하기 위해서는 어떤 전제조건이 갖추어져야 하는가? 감각적 경험을 넘어선 지식이 가능하다는 것을 인정한다면 그것이 진실이 되기 위해서 무엇이 전제되어야 하는가? 이런 질문을 하면서 칸트는 우리의 마음속에 시간과 공간에 대한 어떤 전제들을 만들어야 하며 우리의 마음이 감각적 경험에 적용하여 그것을 해석할 수 있는 어떤 범주들에 대한 전제들을 만들어야 한다고 결론을 내렸다. 독일의 관념론 Idealism 철학은 지식을 가능하게 하는 전제조건이 필요하다는 칸트의 선험적인 접근을 계승하였으며 이런 이유로 인하여 관념론 철학에서 전제 Presupposition 라는 단어가 보편적인 철학적 개념이 되었다.

  한 걸음 더 나아가서 과학 철학자들은 종종 과학적 이론화 과정에서 전제의 필요성을 강조한다. 그 대표적인 예가 미국의 과학 역사학자인 토마스 쿤(Thomas Kuhn; 1922-1996)에 의해서 사용된 '패러다임' paradigm 이라는 개념이다. 과학이론은 객관적 사실에 의해서 중립적으로 이루어지는 것이 아니라, 과학적 사실을 해석하는 틀로 작용하는 패러다임에 의해서 체계화된다는 것이다. 그렇기 때문에 패러다임이 바뀌면 과학이론 전체가 바뀌게 된다. 패러다임의 변화에 의해서 급격하게 이루어지는 변화를 쿤은 '과학혁명'이라고 불렀다. 이런 면에서 본다면 자연적인 사실과 경험을 해석하는 틀이라는 의미에서 전제 Presupposition 는 세계관 Worldview 과 비슷한 개념으로 사용될 수 있다.

밴틸이 사용하는 전제의 개념은 내용면에 있어서 철학자들이나 과학자들이 사용하는 것과는 다르다. 그는 그것이 선험적이든지 경험적이든지 불문하고, 하나님의 계시 이외의 다른 전제들을 거부한다. 그는 하나님의 계시가 모든 인간의 사상에 절대적인 권위와 우선순위를 가져야 한다고 주장한다. 그에게 있어서 전제의 개념은 '근본적인 마음의 헌신' basic heart-commitment 이다. 신자들에게 있어서 근본적인 마음의 헌신은 말씀을 통하여 자신을 계시하신 하나님께 대한 헌신이다. 하나님의 계시가 모든 사물과 경험을 해석하는 기초가 되어야 하며, 모든 해석을 이끌어가는 원리가 되어야 한다는 것이다. 간단히 표현하면 밴틸은 우리의 궁극적 전제는 성경에 계시된 창조자 하나님이어야만 한다고 주장한다.

 창조자 하나님이 우리의 궁극적 전제가 되어야 하는 이유는 간단하다. 인간을 포함한 모든 존재는 창조자 하나님을 떠나서 스스로 존재하는 것이 아니다. 모든 존재는 창조자 하나님의 계획안에서 하나님의 능력에 의해서 구체적인 모습으로 존재하게 되었다. 그렇기 때문에 성경에 계시된 창조자 하나님을 전제하지 않고서는 인간의 존재는 불가능하며 창조자 하나님의 계시에 근거하지 않고서는 하나님의 모든 피조물들을 올바르게 이해하고 해석할 수 없다. 세상과 인생에 대한 모든 이해와 해석은 처음부터 마지막까지 창조자 하나님의 계시에 기초하여 이루어져야 한다. 따라서 하나님의 계시에 기초한 기독교 세계관만이 인간의 모든 경험을 의미 있게 해석할 수 있는 올바른 관점을 제공한다. 그 이외의 모든 관점은 앞뒤가 맞지 않는 자기모순에 빠지는 해석을 할 수밖에 없다. 밴틸이 전제론을 통하여 주장하는 핵심은 인간의 모든 사상과 경험과 행동이 의미 있는 것이 되기 위해서는 하나님의 계시에 근거한 기독교 세계관의 틀 안에서 이루어져야 한다는 것이다.

기독교 세계관에 근거한 총체적인 복음증거는 두 가지 면에서 중요한 훈련과 준비작업을 요구한다. 내부적으로는 우리가 믿고 있는 소망에 관한 이유를 잘 설명할 수 있도록 점검하고 체계화하는 작업이 필요하다. 믿지 않는 사람들에게 기독교 세계관에 기초한 삶의 원리를 전하기 위해서는 전하는 사람 스스로가 거기에 대한 확신과 충분한 이해와 지식이 필요하다. 외부적으로는 불신자들이 가지고 있는 세계관의 모순점을 드러내어 보여주는 훈련이 필요하다. 하나님이 창조하신 세계 안에 살면서 창조자 하나님을 무시하는 경험과 해석은 자기모순에 빠질 수밖에 없다. 하나님을 전제하지 않는 모든 사상과 행동은 그 내면에서 논리적으로 서로 충돌되는 자기모순을 가지고 있다. 이런 면에서 믿음은 세계관의 충돌이며, 세계관의 전쟁이다.

세계관이 충돌하는 영적 전쟁터에서 변증학의 역할은 외부적인 사명을 수행하는 것도 중요하지만 그것보다 더 중요하고 시급한 것은 내부적인 사명을 수행하는 것이다. 왜냐하면 아무리 장비가 많고 성능이 우수하다고 하더라도 그것을 잘 다룰 수 있는 훈련된 군인이 없다면 그 장비는 전쟁에서 효과를 제대로 발휘할 수 없다. 따라서 총체적인 복음을 증거하는 세계관 사역은 불신자들의 세속적 삶의 틀을 드러내어 복음으로 도전하는 것도 중요하지만, 그것보다 더 중요하고 시급한 것은 신자들을 하나님의 계시에 근거한 기독교 세계관으로 잘 훈련시키고 준비시켜서 하나님의 지혜롭고 충성스런 청지기로 세우는 것이다.

대립(Antithesis)

전제가 다르기 때문에 기독교 세계관과 불신자들의 세계관 사이에는 상호 타협할 수 없는 대립이 존재한다. 기독교 세계관은 창조된 세계의 모든 사물과 사실은 지워질 수 없는 계시적인 성격을 가지고 있으며 역사의 모든 사건을 다스리는 하나님의 주권적인 섭리를 주장한다. 그렇기 때문에 성경에 계시된 창조자 하나님을 떠나서는 어떤 사물이나 사건의 의미 있는 해석은 불가능하다.

반면에 불신자들의 세계관은 기독교 세계관과 정반대의 입장에서 모든 사물과 사건의 해석을 시도한다. 첫째, 불신자들의 세계관은 인간의 자율성을 전제한다. 인간은 하나님의 통치 아래 있는 존재가 아니라 하나님의 영향력 밖에서 자율적으로 생각하고 행동하는 존재라고 주장한다. 둘째, 불신자들의 세계관은 모든 사물의 피조성을 부정하고 우연성을 전제한다. 모든 사물은 하나님의 계획에 의해서 창조된 것이 아니라 우연에 의해서 생겨난 것이라고 주장한다. 셋째, 불신자들의 세계관은 하나님의 섭리가 아니라 자연 안에 존재하는 자연법을 전제한다. 자연과 역사는 하나님의 섭리에 의해서 진행되는 것이 아니라 스스로 존재하는 자연법에 의해서 운행된다는 것이다. 간단히 말하면 불신자들은 그들의 생각과 경험과 모든 해석에 있어서 하나님의 존재를 배제하고 자율성과 우연성에 기초를 두고 있다.

    대립적 세계관이 충돌하는 상황에서 기독교 세계관 사역이 해야 할 일은 불신자들의 잘못된 전제를 드러내어서 그들의 세계관을 해체하는 것이다. 창조자 하나님 이외에 다른 전제에 기초한 해석과 행동은 일관성이 없는 자기모순에 빠질 수밖에 없다는 것을 보여줌으로써 그들의 전제가 잘못되었다는 것을 보여주는 것이다. 잘못된 전제 위에 세워진 세계관은 모래 위에 세워진 집처럼 무너질 수밖에 없음을 보여줌으로써 그들의 세계관을 해체하는 것이다. 그리고 인간의 사상과 경험의 해석과 행동이 의미 있는 것이 되기 위해서는 창조자 하나님께 기초한 기독교 세계관이 필요하다는 것을 증명해 보이는 것이다. 따라서 세계관적 복음 사역은 불신자들이 가지고 있는 세계관의 모순을 드러내어 해체하는 공격적인 성격과 하나님께 기초한 기독교 세계관의 진실성을 설명하고 보여주는 은혜로운 권고의 성격을 가진다.

서로 다른 세계관이 충돌하는 대립적 상황에서, 복음을 제시하는 전제론적 접근은 구체적으로 4단계의 과정으로 이루어진다. 첫 번째 단계는, 불신자들이 가지고 있는 핵심적인 전제가 무엇인지를 파악하고 드러내는 것이다. 두 번째 단계는, 창조자 하나님을 부정하고 인간의 자율적 기초 위에 세워진 전제의 부당성을 지적한다. 세 번째 단계는, 창조자 하나님을 떠난 자율적 전제가 가질 수밖에 없는 파괴적인 내적 모순을 드러내서, 불신앙적인 세계관을 해체하는 것이다. 마지막으로, 하나님의 계시에 근거한 성경적 세계관을 실행 가능한 유일한 대안으로 제시하는 것이다. 따라서 세계관적 복음 사역은 하나님의 권위에 호소하는 기독교 세계관과 인간의 자율적 권위를 주장하는 세속적 세계관 사이의 충돌이다.

여기서 우리가 잊어서는 안 될 중요한 현실의 문제가 있다. 우리가 논리적으로 그리고 설득력 있게 불신자들의 전제를 드러내고 그들의 전제의 모순성을 논리적으로 잘 반박해서 불신자들이 어떤 대응도 할 수 없도록 만들었다고 해서 불신자들이 그들의 전제와 세계관을 포기하고 기독교 세계관으로 돌아올 것이라고 생각하면 큰 착각이다. 인간적인 지혜와 능력으로써는 결코 그런 일은 일어나지 않는다. 불신자들은 자기들의 모순이 드러났다고 할지라도 여전히 그들의 전제를 고집하고 창조자 하나님을 부정하며 기독교 세계관을 거부할 것이다. 불신자들의 세계관을 해체하고 그들에게 기독교 세계관을 심어주어서 삶의 총체적인 변화를 이끌어내는 것은 인간의 능력으로는 불가능한 일이다. 그럼에도 불구하고 총체적 복음을 전하는 설교자나 변증가는 성령의 능력에 의지하여 예수 그리스도로부터 복음을 위임 받은 자로서의 사명을 감당해야 한다. 모든 신자들은 복음을 맡은 하나님의 지혜롭고 충성된 청지기로서 자신이 할 수 있는 모든 역량을 동원하여 이 땅에 총체적인 복음을 전파하는 사명을 충성스럽게 수행해야 하며 그 사명을 효과적으로 수행할 수 있도록 자신을 훈련시키고 준비시켜야 한다.

거듭난 의식(Redeemed Consciousness)

세계관이 다르면 인간의 삶의 전 영역에서 생각하는 것이나 행동하는 것이 다를 수밖에 없다. 세계관의 차이는 근본적으로 궁극적 전제의 차이에서 시작된다. 궁극적 전제는 최종적 권위의 문제이다. 기독교 세계관은 창조자 하나님을 최종적 권위로 믿지만 불신앙적 세계관은 창조자 하나님의 권위를 인간의 자율적 판단에 따라서 다른 것으로 교체한 것이다. 따라서 거듭남은 우리의 생각과 경험의 해석과 행동에 있어서 최종적인 권위를 바꾸는 것이다. 거듭남은 하나님을 인정하지 않는 자율적인 권위를 포기하고 하나님을 최종적이고 궁극적인 권위로 인정하고 받아들이는 것이다.

　　최종적 권위가 바뀌면 삶의 체계로서 세계관이 바뀌며 삶의 전체 영역에 영향을 미친다. 토마스 쿤의 표현을 빌린다면, 세계관의 변화는 인생을 살아가는 '패러다임' paradigm 의 변화라고 말할 수 있다.

패러다임의 변화가 급격한 과학혁명을 초래하듯이, 세계관의 변화는 인생의 혁명적인 변화인 거듭남을 초래한다. 거듭남은 인생의 전 영역에 영향을 미치며, 더 나아가서 우주의 회복으로까지 이어진다.

인간의 마음이 하나님께 불순종하는 데서 순종하는 것으로 바뀌면, 인격을 형성하는 모든 요소들 즉 지적인 요소와 감정적인 요소와 의지적인 요소를 하나님께 순종하는 방향으로 사용하게 된다. 마음이 거듭나게 되면 인간은 모든 사물과 경험을 하나님의 계시에 따라서 해석하게 된다. 자기의 자율적 권위로 해석하는 것이 아니라, 하나님이 해석하는 방향을 따라서 해석하게 된다. 이런 면에서, 거듭난 인간의 의식은 자율적 해석자가 아니라, 하나님의 해석을 따라서 해석하는 재해석자가 되는 것이다. 인간의 해석은 최종적 평가 기준에 따라서 자율적 해석인지 아니면 재해석인지가 결정된다. 자율적 해석은 인간의 이성이나 경험을 최종적 평가 기준으로 삼는다. 반면에 재해석은 성경에 계시된 완전하고 절대적인 하나님을 최종적 평가 기준으로 삼는다. 따라서 인간의 모든 해석은 최종적 권위의 문제이며, 전제의 문제이며, 세계관의 문제로 귀결된다.

밴틸은 인간의 의식을 창조, 타락, 회복이라는 세 종류의 의식으로 구분하여 설명한다. 인간은 하나님의 형상으로 창조되었기 때문에 세상과 인생을 바라보고 해석할 때 하나님의 인도하심을 따라 해석하였다. 이런 상태의 의식을 밴틸은 타락 이전의 아담의 의식 the Adamic consciousness 이라고 표현한다. 그러나 아담이 하나님의 뜻에 순종하기를 거부하고 죄를 범함으로써 세상과 인생을 해석함에

있어서 더 이상 하나님의 인도함을 따라서 해석하는 재해석자가
되기를 거부하고 자신의 자율적 판단에 따라서 모든 것을 해석하는
자율적 해석자가 되기를 추구하였다. 이런 상태를 밴틸은 죄악된
의식 the sinful consciousness, 혹은 거듭나지 않은 의식 the unregenerate consciousness
이라고 표현한다. 거듭남은 불순종으로 인하여 타락한 의식이 타락
이전의 아담의 의식으로 회복되는 것을 말한다. 밴틸은 이것을
거듭난 의식 the regenerate consciousness 라고 표현하였다. 따라서 인간이
거듭났다는 것은 자율적인 권위를 모든 해석과 행동의 최종적
권위로 삼는 것에서, 창조자 하나님을 최종적 권위로 받아들이고
모든 것을 하나님의 계시를 따라 재해석하고 행동하는 삶의 체계로
바꾸는 세계관의 변화를 의미한다.

최종적 권위에 대한 인격적 헌신의 의미로서의 전제의 개념은
오늘날 영성 Spirituality 이라는 표현으로 더 많이 사용되는 경향이 있다.
영성이 무엇을 의미하는지에 대한 개념 정의는 사람들에 따라서
다양하게 나타난다. 보편적인 개념으로 영성을 '어떤 사람이 가지는
궁극적 가치와 그것에 대한 헌신'이라고 정의한다. 또는 궁극적
존재를 향한 '마음의 열정과 헌신'으로 정의한다. 궁극적 존재,
혹은 궁극적 가치에 무엇을 대입하느냐에 따라서 영성의 내용이
결정된다. 거기에 창조자 하나님을 대입하면 신자의 영성이 되고,
하나님 이외에 다른 것을 대입하면 불신자의 영성이 되는 것이다.
이렇게 본다면, 오늘날 일반적으로 사용하는 영성의 개념과 밴틸이
사용한 전제의 개념은 크게 다르지 않다. 따라서 밴틸이 구분한 세

종류의 의식을 세 종류의 영성 즉 창조적 영성, 타락한 영성, 거듭난 영성으로 표현해도 의미의 차이는 거의 없다.

 기독교 세계관은 삼위일체 하나님께 최종적인 권위를 둔다. 하나님의 계시에 기초한 기독교 세계관을 인간의 모든 삶을 이끌어가는 근본원리로 삶의 현장에 적용하는 것은 본질적으로 인간의 지혜나 능력으로는 될 수 없다. 세계관적 관점에서 총체적인 복음을 방어하고 설명하고 제시하는 신학자나 설교자나 선교사를 포함한 모든 영역에서 활동하는 복음의 변증가가 하나님의 권위에 호소하지 않고, 자기의 논리나 자기의 설득력에 의지한다면 그 자신이 불신앙적 전제 위에서 복음을 전하는 모순을 범하게 되는 것이다. 다른 말로 표현하면 변증가들이 기독교 세계관에 근거하여 논리적이고 설득력 있게 복음을 변증하고 설명해도 다른 전제 위에 서 있는 불신자들이 보기에는 여전히 '전도의 미련한 방법'(고전 1:21)에 지나지 않는다. 그러나 '전도의 미련한 방법'을 사용해서 거듭남의 기적을 일으키는 분은 성령이다. 따라서 변증가가 아무리 논리적이고 설득력 있게 복음을 제시해도 성령이 역사하지 않으면, 불신자가 거듭나는 기적은 일어나지 않는다는 밴틸의 말은 전적으로 옳다. 복음을 전하는 자는 지혜롭고 충성스런 청지기로서 자기에게 주어진 상황에서 하나님의 뜻을 따라 모든 것을 활용하여 최선을 다해서 복음을 전해야 하지만 궁극적으로 성령의 능력에 호소하는 것이다. 이런 면에서 세계관의 전쟁은 성령의 능력으로 수행하는 영적인 전쟁이다.

세계관은 이론 이전에 실천의 문제이다

오어 Orr 와 카이퍼 Kuyper 로부터 시작된 기독교 세계관 운동은 삶의 전 영역에서 공격해 오는 복음의 진실성을 부정하는 세속적인 세계관의 도전에 대하여 복음의 진실성을 방어하고 설명하기 위한 변증학적 필요에 의해서 시작되었다. 세계관의 충돌은 하나님께 순종하는 삶의 체계와 하나님께 불순종하는 삶의 체계 사이에 벌어지는 영적 전쟁이다. 영적 전쟁이라는 면에서 세계관은 학문적인 이론의 문제 이전에 실천적인 삶의 문제이다.

    세계관적 관점을 가지고 복음을 방어하고 전파하는 세계관 사역은 불신자들에게 복음을 전하는 방법을 다루기 이전에 그리스도를 삶의 모든 영역에서 주인으로 모시고 효과적으로 영적 전쟁을 수행할 수 있는 지혜롭고 충성스런 청지기를 세우는 일이다. 이렇게 본다면 방법론보다 성경적인 세계관으로 훈련되고 준비된 그리스도의 군사를 세우는 것이 더 중요하고 시급한 사역이다. 따라서 세계관 사역은 그리스도의 군사를 모집하고 가르치고 훈련시켜서 그리스도의 선한 군사로 세우는 청지기 영성 훈련이다.

되새김질을 위한 질문

1. 기독교 세계관을 신학적 체계로 발전시킨 역사적 필요성은 무엇이었다고 생각하십니까?

2. 오어가 설명한 기독교 세계관은 어떤 면에서 그리스도 중심적인 세계관이라고 말할 수 있습니까?

3. 카이퍼가 기독교와 정면으로 반대되는 세계관으로 정의한 현대주의를 구성하고 있는 세 가지 요소를 간단히 정리해 봅시다.

4. 범신론이 개인적인 영성에 미친 파괴적인 영향은 어떤 것이라고 생각하십니까?

5. 카이퍼가 주장하는 하나님의 주권 사상은 우리의 직업관에 어떻게 적용되어야 한다고 생각하십니까?

6. 카이퍼는 두 종류의 사람과 두 종류의 학문을 구분하는 결정적 기준은 인간의 마음이라고 하였는데, 그가 제시한 인간의 마음을 둘로 구분하는 기준은 무엇입니까?

7. 밴틸이 사용한 전제의 개념은 어떤 면에서 철학자들이나 과학자들이 사용한 것과 다르다고 생각하십니까?

8. 밴틸이 전제론을 통하여 주장하는 핵심은 무엇이라고 생각하십니까?

9. 밴틸이 설명하는 불신자들의 세계관은 어떤 특징을 가지고 있는지 세 가지로 정리해 봅시다.

10. 밴틸이 설명하는 거듭남의 의미를 간단히 정리해 봅시다.

11. 밴틸은 어떤 면에서 세계관의 전쟁을 성령의 능력으로 수행하는 영적인 전쟁이라고 설명합니까?

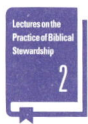

청 지 기
영성훈련
특　강

Chapter Four

4
성경적 세계관의 구조

성경적 세계관의 기초

인간에게 주어진 사명

청지기적 사명의 실천적 의미

보시기에 심히 좋았더라

성경적 세계관의
구조

4

'세계관은 사물을 보고 듣고 생각하는 틀'이라고 정의했다. 우리가 보고 듣고 경험하는 모든 것은 우리 안에 있는 생각의 틀에 의해서 해석된 것이다. 어떠한 해석도 개입되지 않은 완전히 객관적인 순수 사실 pure fact 은 없다. 어떤 대상을 인식한다는 것 자체가 이미 그 과정에서 특정한 세계관이 작동했다는 것을 의미한다. 우리 안에 있는 생각의 틀에 따라서 보고 듣고 생각하는 것이 달라진다.

    세계관을 또 다른 관점에서 설명하면 안경에 비유할 수 있다. 무엇을 통해서 보느냐에 따라서 보이는 것이 달라진다. 멀리 있는 풍경을 육안으로 바라볼 때와 망원경을 가지고 바라볼 때 하늘을 육안으로 바라볼 때와 망원경을 가지고 바라볼 때 보이는 것은 다르다. 육안으로는 볼 수 없는 인체 내부의 모습도 내시경으로는 자세히 볼 수 있다. 현미경을 통해 사물을 보면 육안으로 보이지 않던 미생물 등 작은 세상이 보인다. 이전에 미생물이 존재하지 않았던 것이 아니다. 다만 우리의 육안으로는 보이지 않았을 뿐이다.

이처럼 사물을 관찰하는 도구가 보이는 것을 결정한다. 우리는 보는 것만큼 이해하게 된다. 자세히 보고, 멀리 보고, 깊이 보는 사람은 그만큼 인식의 폭이 깊고 넓을 수밖에 없다. 어떤 안경을 통해서 세상을 바라보고 있는가? 자신이 세상을 바라보는 안경이 곧 자기의 세계관이다.

종교개혁자 칼빈은 성경을 안경에 비유하여 설명하고 있다. 시력이 좋지 않은 사람은 안경을 착용해야 사물을 정확하게 볼 수 있다. 멀리 있는 것이 잘 보이지 않는 근시안을 가진 학생이 안경을 끼지 않으면 수업시간에 선생님이 칠판에 필기한 내용을 읽을 수가 없다. 반대로 가까이 있는 것이 잘 보이지 않는 사람들은 돋보기가 없으면 책을 읽을 수가 없다. 시력이 약한 사람들은 약한 시력을 교정할 수 있는 안경을 착용해야 사물을 제대로 볼 수가 있다.

고등학교 다닐 때의 일이다. 평소에는 안경을 착용하지만 목욕탕에 갈 때는 안경을 벗고 갔다. 그런데 목욕탕에서 이웃에 사는 어른을 몰라보고 인사를 하지 않고 지나친 적이 있었다. 나는 안경을 벗었기 때문에 주위에 있던 사람들이 누구인지를 정확하게 식별할 수가 없었다. 그러나 상대방이 볼 때는 이웃에 사는 학생이 어른을 보고도 인사도 하지 않고 예의 없이 모르는 척 하더라는 것이다. 그 일로 인해서 심적으로 많이 힘든 적이 있었다. 그 이후로는 어디를 가든지 안경을 착용하는 습관을 가지게 되었다. 물론 목욕탕에 갈 때도 안경을 착용했다. 안경을 벗으면 주위의 사물을 정확하게 볼 수 없기 때문이다.

하나님은 창조세계를 통하여 자신을 보여 주셨다. 창조세계를 통해서 창조자 하나님이 자신을 보여주는 것을 우리는 일반계시 혹은 자연계시라고 말한다. 하나님이 창조하신 우주 만물을 보면 우리는 하나님이 어떤 분인지 알 수 있다. 하나님의 능력과 지혜의 위대함이 어느 정도인지를 미루어 짐작할 수 있다. 그런데 인간이 죄를 범함으로 영적인 눈이 어두워졌다. 그래서 하나님이 창조하신 세상을 제대로 인식하지 못하게 되었다. 큰 나무를 보면 거기에 무슨 신성이 깃들어 있는 것처럼 생각하고 그것을 신으로 섬긴다. 이것은 영적인 눈이 어두워져서 사물을 제대로 보지 못하고 있다는 증거이다. 근시안을 가진 사람이 안경을 벗으면 멀리서 오는 사람이 누구인지를 식별할 수 없다. 기껏해야 어렴풋이 보이는 형체만 보고 대략적으로 짐작할 뿐이다. 이와 비슷한 이유로 영안이 어두워진 사람은 자기 눈에 어렴풋이 보이는 것을 자기 마음대로 짐작하고 그렇게 믿고 그렇게 행동한다. 큰 나무나 기이하게 생긴 바위를 보면 거기에 신성이 있는 것처럼 짐작하고 그렇게 믿고 그것을 신으로 섬긴다. 사물을 바라보는 눈이 어두워졌기 때문이다. 이런 사람들에게는 영적으로 어두워진 시력을 교정하는 안경이 필요하다.

 하나님은 영적인 눈이 어두워져서 사물을 제대로 식별하지 못하는 사람들에게 특별 계시를 주셨다. 하나님께서 창조하신 우주 만물을 제대로 인식하지 못하는 사람들에게 그들의 잘못을 바로 잡아주는 특별한 계시를 주신 것이다. 하나님이 창조 세계를 통하여 보여 주시는 일반 계시를 바로 이해할 수 있도록 특별계시를 주셨다. 성경은 하나님이 주신 특별계시를 기록한 책이다. 그렇기 때문에 죄로 인하여 영적인 눈이 어두워진 사람은 성경의 안경을 착용하고 창조세계를 보아야 창조자의 의도대로 세상을 이해할 수 있다. 이런 이유로 인해서 칼빈은 성경을 안경에 비유한 것이다.

  죄로 인하여 시력이 어두워진 사람은 하나님의 특별계시의 도움이 없이는 하나님이 창조하신 세계를 제대로 볼 수도 이해할 수도 해석할 수도 없다. 세상을 올바르게 보고 듣고 이해하기 위해서는 하나님의 특별계시인 성경이라는 안경이 필요하다. 성경이라는 안경을 통해서 세상을 바라보아야 하나님의 창조세계를 올바르게 이해할 수 있다. 성경을 통해서 세상을 바라보는 관점을 성경적 세계관이라고 말한다. 따라서 이번 장에서는 성경이 제시하는 세계관이 어떤 것인지를 살펴보고자 한다.

성경적 세계관의 기초

하나님의 특별계시인 성경은 이렇게 시작한다: "태초에 하나님이 천지를 창조하시니라."(창 1:1) 성경은 하나님의 존재를 증명하기 전에 하나님의 존재를 선포한다. 하나님이 천지를 창조하셨다고 선포한다. 인간이 존재하는 것이 사실이고 또 인간이 보고 듣고 경험하고 살아가는 자연 세계가 존재한다는 것은 부정할 수 없는 현실이다. 이 모든 것을 하나님이 창조하셨다고 선포한다. 이렇게 본다면 성경은 우리가 살아가는 세상이 존재한다는 것은 그것을 창조하신 하나님의 존재를 당연한 것으로 전제하고 있음을 말해

준다. 성경은 하나님의 존재를 증명할 필요성을 느끼지 않는다.

하지만 인간의 사상은 대부분 하나님의 존재를 증명하는 것으로부터 시작한다. 그러나 결론적으로 말하면 인간이 창조자 하나님의 존재를 증명하려는 시도는 처음부터 불가능한 것이다. 인간의 모든 이해와 분석과 해석은 모두가 결과론적이다. 주어진 현상을 보고서 그 현상을 가능하게 만든 원인이 무엇인지를 추론하는 것이다. 하나님의 존재를 증명하려는 인간의 시도도 여기에서 벗어나지 않는다. 우리가 보고 듣고 경험하는 만물을 보고서 이것들이 존재하게 된 원인이 무엇인지를 추론하는 것이다. 인간의 추론은 하나님이 존재하지 않는다는 무신론적인 전제를 가지고 사물을 보고 분석하고 평가하면 하나님은 존재하지 않는다는 결론을 내린다. 모든 만물은 하나님의 창조가 아니라 우연의 결과라고 주장한다. 그러나 하나님이 존재한다는 전제를 가지고 사물을 보고 분석하고 평가하면 우리 눈앞에 있는 모든 만물은 하나님의 창조의 결과라고 결론을 내린다.

인간의 분석과 평가는 모두가 결과론적이라는 사실은 우리의 일상생활 속에서도 쉽게 경험할 수 있다. 많은 사람들이 재테크의 수단으로 주식에 관심을 가지고 있다. 그렇지만 어느 누구도 주식시장의 흐름에 대해서 속 시원한 답변을 제시하는 사람은 없다. 모두가 불확실한 예측을 할 뿐이다. 나는 주식투자에 문외한이지만 신문이나 방송을 통하여 주식시장을 분석하는 전문가들이 주식시장을 둘러싼 여러 상황을 고려하면 앞으로의 전망은 부정적이라고 평가를 내리는 경우를 많이 보고 들었다. 그러다가 그 다음날 갑자기 주식이 폭등하면 지금까지와는 전혀 다른 수많은 분석을 쏟아 놓는다. 왜 주식시장이 급등하게 되었는지에 대한 결과론적인 분석 말이다. 그런 방송이나 신문 기사를 읽으면서 이런 생각을 해 보았다. 주식 시장이 급등한 결과에 대해서 그렇게 많은 데이터와 시장의 흐름을 예로 들면서 분석 기사를 쏟아 놓는 경제 전문가들이 왜 하루 전에는 대부분 부정적인 예상을 하였단 말인가? 따지고 보면 이것이 인간의 한계이다. 인간은 보고 듣고 만지고 경험할 수 있는 구체적인 결과가 주어지기 전까지는 어떤 것에 대해서도 확실하게 예측할 수 없다. 하루 뒤에 일어날 일은 고사하고 1분 뒤에 일어날 일만이라도 정확하게 예측할 수 있는 능력이 있다면 나는 세계에서 제일가는 부자가 될 수 있을 텐데 말이다.

하나님의 존재나 세상의 기원에 대해서도 인간의 분석과 평가는 결과론적일 수밖에 없다. 인간의 눈에 보이지도 않고 만질 수도 없는 하나님에 대해서 무슨 방법으로 어떻게 분석하고 평가할 수 있다는 말인가? 이런 면에서 '태초에 하나님이 천지를 창조하셨다'라고 시작하는 성경의 계시는 인간의 눈높이에 맞춘 하나님의 자기 계시이다.

'계시 啓示'라는 말은 감추어진 것을 열어서 보여준다는 뜻이다. 하나님의 존재나 우주의 기원은 하나님께서 우리에게 열어서 보여주기 전까지는 우리에게는 감추어진 비밀이다. 하나님이 만드신 창조세계는 하나님의 존재를 보여주는 일반적인 계시이다. 사람들이 창조세계를 통해서 하나님에 대한 잘못된 추론과 분석을 하니까 하나님께서 그런 잘못을 교정해 주기 위해서 특별한 계시를 주신 것이다. 하나님께서 열어서 보여주신 것 그 이상은 우리에게는 감추어진 비밀이다.

인간의 모든 이해와 분석과 평가가 결과론적이라는 말은 인간은 감각적 경험을 초월하는 대상이나 영역에 대해서는 구체적으로 알 수 없다는 말이다. 우리가 구체적으로 알 수 없는 영역을 하나님께서 알려 주신 것이 하나님의 계시이다. 따라서 우리의 모든 신학적 체계는 하나님의 계시에 근거해서 분석하고 해석할 수밖에 없다. 하나님과 세상의 기원에 대해서 우리 앞에 주어진 구체적인 결과물은 하나님의 계시이기 때문이다. 하나님의 계시를 넘어선 부분에 대해서는 우리는 알 수 없다.

따라서 성경적 세계관은 하나님께서 인간에게 열어서 보여주신 특별 계시인 성경에 근거해서 분석하고 해석하고 정리한 삶의 체계이다. 성경이 제시하는 틀을 가지고 세상을 보고 듣고 생각하고 행동하는 것이 성경적 세계관을 삶 속에서 실천하는 것이다.

창세기 1장 1절 말씀은 하나님의 존재를 전제할 뿐만 아니라 성경적 세계관의 근본적인 구조를 제시한다. '하나님이 천지를 창조하셨다'고 말씀하는 문장의 구조를 분석하면 성경적인 세계관의 근본적인 구조가 드러난다. 문장 구조를 분석한다는 말은 무슨 대단한 논리적인 작업을 한다는 말이 아니다. 우리가 모국어인 한국말을 배울 때는 문법을 공부하지 않아도 자연스럽게 말을 배운다. 그러나 외국어를 배울 때는 문법을 중요하게 생각하고 공부한다. 우리에게 있어서 문법적인 용어나 개념은 한국말을 배우면서 익힌 것이 아니라 대부분 영어를 배우면서 익힌 것이다. 요사이는 영어를 배우는 시기가 언제라고 말할 수 없을 정도로 개인에 따라서 편차가 심하다. 어떤 아이들은 어린이 집에 가면서 영어를 배우게 되고 어떤 아이들은 모국어인 한국말을 배우기 전에 외국어인 영어부터 배우는 아이들도 있다. 그러나 예전에는 영어는 중학교에 들어가면 배우는 것으로 생각하던 때가 있었다. 초등학교를 졸업하고 중학교에 입학하게 되면 피부로 느끼는 가장 큰 변화가 두 가지이다. 하나는 교복을 입고 학교에 가는 것이고 다른 하나는 영어를 배우는 것이었다.

　　외국어인 영어를 처음 배울 때 알파벳을 배우고 기본적인 단어를 배우고 그리고 간단한 문장을 배우게 된다. 문장을 배우기 시작하면서 따라오는 것이 문법이다. 나의 기억을 더듬어 보면 영어문법을 배우면서 제일 먼저 익혔던 것이 문장의 형식인 것 같다. 문장 구조를 쉽게 설명하기 위해서는 우리말보다는 영어를 예로 들어보면 훨씬 더 분명해진다. 왜냐하면 우리말은 주어나 목적어들이 조사를 달고 다니기 때문에 문장의 구조를 도식적으로 표현하기가 어렵다. 그러나 영어는 우리말과 달리 조사를 달고 다니는 것이 아니라 단어의 위치가 우리말의 조사의 역할을 대신한다. 그렇기 때문에 문장의 구조를 도식적으로 분명하게 표시할 수 있다.

　　창세기 1장 1절의 문장 구조를 보면 성경적 세계관의 근본적인 구조를 쉽게 이해할 수 있다. 가장 기본적인 문장은 주어(S)와 동사(V)로 구성되고 이것을 1형식 문장이라고 한다. 1형식 문장에 사용되는 동사를 완전 자동사라고 한다. 그 말은 주체의 행동이 다른 어떤 것에 영향을 미치지 않고 그것으로 완전히 종결되는 행동이다. 시편 2:4절에 나오는 '하나님이 하늘에서 웃으신다' The One enthroned in heaven laughs는 문장을 예로 들 수 있다. '웃는다 laughs' 는 동사는 그 자체로 행동이 완결된다. 그 다음에는 주어(S)와 동사(V)에 주어를 보충하는 단어(C)가 필요한 문장이다. 동사만으로는 행동이 완결되지 않기 때문에 그 불완전함을 채우기 위해서 명사나 형용사가 보어로 필요하다. 이런 구조를 가진 문장을 2형식 문장이라고 한다. 시편 48:1절에 나오는 '하나님은 위대하시다' The Lord is Great 는 문장을 예로 들 수 있다. 영어에서 be 동사는 동사만으로는 상태나 행동이 완결되지 않는다. 그래서 주체의 행동이나 상태를 보충하는 주격보어가 필요하다.

지금 영어 문법을 공부하자는 것이 아니다. 내가 말하고자 하는 핵심은 3형식의 문장 구조이다. 3형식의 문장은 주어(S)와 동사(V)에 목적어(O)를 더한 문장의 구조이다. 3형식의 문장에 사용된 동사를 타동사라고 한다. 타동사는 주체가 어떤 행동을 했을 때 그 영향을 받는 대상이 있다. 주체가 행한 행동의 영향을 받는 대상을 목적어라고 한다. 이렇게 보면 창세기 1장 1절의 문장 구조는 3형식이다. "태초에 하나님이 천지를 창조하시니라; In the beginning God (S) created (V) the heavens and the earth (O)."

창세기 1장 1절의 문장 구조를 도식으로 표현하면 이렇다:

하나님이(S) + 창조하셨다(V) + 천지를(O).

우주 만물이 생성되는 과정에서 하나님은 우주 만물을 창조하신 행동의 주체이다. 그리고 하늘과 땅의 만물은 주체인 하나님이 창조하신 행동의 영향을 받아서 존재하게 된 목적어이다.
      하나님은 우주 만물을 창조하신 주인이고 하나님 이외의 인간을 포함한 모든 피조물은 하나님에 의해서 창조된 목적어에 해당된다. 이것이 성경이 제시하는 세계관의 근본적인 기초이다. 주어는 행동의 주체이고 목적어는 주어의 행동에 절대적으로 영향을 받는 존재들이다. 이 구조에서 인간은 어디에 속하겠는가? 주어의 자리에 속하겠는가? 목적어의 자리에 속하겠는가? 당연히 인간은 하나님이 만드신 천지 만물인 목적어에 포함된다. 여기서 주어와 목적어를 혼동하면 안 된다. 주어와 목적어를 뒤집어서도 안 된다. 주어는 항상 주어의 자리에 있어야 하고 목적어는 항상 목적어의 자리에 있어야 한다. 목적어를 주어의 자리에 올려놓으면 모든 구조가 뒤집어지고 세상의 질서와 의미가 뒤죽박죽이 된다. 하나님의 창조 행위에 의해서 만들어진 목적어에 해당되는 우주 만물에 속한 그 어떤 것도 창조의 주체인 하나님의 자리에 올려놓을 수 없다.

창세기 1장 1절이 제시하는 원칙을 가지고 우리가 살아가는 세상을 바라보면 우리의 주위에서 벌어지고 있는 사회적 문화적 현상들에서 무엇이 어떻게 잘못되었는지를 쉽게 발견할 수 있다. 이 세상에서 일어나는 모든 병리현상은 창조질서에서 주어와 목적어를 뒤집으려는 데서 발생하는 파열음들이다. 주어는 주어의 자리에 있어야 하고 목적어는 목적어의 자리에 있어야 한다. 주어와 목적어가 뒤집어졌다면 그것을 바로 잡아야 한다. 우리가 살아가는 모든 삶의 영역에서 주객 主客 의 전도 顚倒 가 일어나서는 안 된다. 하나님은 모든 만물을 창조하신 창조의 주인이며 모든 피조물은 주어인 하나님의 창조행위의 결과로 생겨난 목적어에 해당된다고 말씀하는 창세기 1장 1절의 선언이 성경적 세계관의 근본적인 기초를 이루는 반석이다. 이 반석 위에 세상과 인생의 집을 지어야 비가 내리고 홍수가 나고 바람이 불어도 집이 무너지지 않는다.

인간에게 주어진 사명

하나님께서 창조하신 우주 만물 속에는 인간도 포함된다. 성경에 보면 하나님께서 인간을 창조하실 때는 좀 특별한 방법을 사용하셔서 특별한 존재로 만들었다. 다른 모든 피조물들은 하나님께서 말씀으로 불러내셨다. 아무것도 없는 데서 빛을 불러내시고 아무것도 없는 데서 각종 식물들과 동물들을 불러내셨다. 무에서 유를 창조하신 하나님의 창조의 행위는 주권적인 부르심이다. '없는 것을 있는 것으로 부르신' (롬 4:17) 것이 하나님께서 말씀으로 천지를 창조하신 하나님의 창조행위이다.
  하나님은 인간을 창조하기 전에 먼저 인간 창조의 특별한 계획을 세우셨다.

"하나님이 이르시되 우리의 형상을 따라 우리의 모양대로 우리가 사람을 만들고 그들로 바다의 물고기와 하늘의 새와 가축과 온 땅과 땅에 기는 모든 것을 다스리게 하자 하시고."(창 1:26)

이 계획에 의해서 하나님께서 인간을 만드시는 구체적인 과정이 창세기 2장 7절에 기록되어 있다.

"여호와 하나님이 땅의 흙으로 사람을 지으시고 생기를 그 코에 불어넣으시니 사람이 생령이 되니라."

다른 피조물들처럼 말씀으로 불러낸 것이 아니라 흙으로 사람의 육체를 만들고 그 속에 하나님의 호흡을 불어 넣어서 만든 것이다. 인간 창조의 특별한 과정은 인간을 하나님의 형상대로 만드는 과정이라고 말할 수 있다. 하나님이 창조하신 만물 중에서 인간을 제외한 어떤 것도 하나님의 형상대로 만들어진 것이 없다. 오직 인간만이 하나님의 형상대로 만들어졌다. 창조에서부터 인간은 다른 피조물들과 비교해서 분명히 구별되는 특별한 존재로 만들어졌다. 하나님의 형상으로 만들어진 인간은 그 존재와 특성에 있어서 하나님을 닮은 존재이다. 하나님이 가지고 있는 존재의 특징을 피조물의 수준에서 하나님과 공유하고 있는 존재가 인간이다. 그렇다고 인간이 하나님과 동등하다는 것은 결코 아니다. 하나님은 원본이고 인간은 하나님의 형상이다. 인간은 하나님의 형상대로 만들어졌고 또한 그 육체에 하나님의 호흡을 불어넣어 주었기 때문에 인간은 육체적인 존재이면서도 영적인 존재이다. 원본이신 하나님은 완전히 영적인 존재인 반면에 인간은 육체를 가진 하나님의 형상을 반영한 영적인 존재이다.

하나님의 형상으로서 인간이 가지는 가장 두드러진 특징은 하나님과 교제할 수 있는 존재라는 것이다. 하나님이 말씀하시면 인간은 하나님의 뜻을 이해하고 그것을 실천할 수 있는 존재로 만들어졌다. 하나님께서 인간을 하나님과 교제가 가능한 자기의 형상대로 만든 이유는 인간 창조계획에 분명하게 나타나 있다. 인간을 하나님의 형상대로 창조한 이유는 인간으로 하여금 하나님이 창조하신 '바다의 물고기와 하늘의 새와 가축과 온 땅과 땅에 기는 모든 것을 다스리게'(창 1:26) 하기 위함이다. 피조물들 중에서 하나님이 창조하신 것들을 하나님을 대신해서 다스릴 하나님의 대리자가 필요했던 것이다. 그래서 하나님은 인간에게 하나님의 대리자적인 사명을 맡기기로 하고 인간을 하나님의 형상이라는 특별한 존재로 만드신 것이다.

하나님은 하나님의 형상대로 만들어진 인간에게 하나님을 대신해서 만물을 다스리라는 청지기적 사명을 주셨다.

"하나님이 그들에게 복을 주시며 하나님이 그들에게 이르시되 생육하고 번성하여 땅에 충만하라 땅을 정복하라 바다의 물고기와 하늘의 새와 땅에 움직이는 모든 생물을 다스리라 하시니라."(창 1:28)

인간은 하나님과 교제할 수 있는 하나님의 형상대로 만들어졌기 때문에 하나님의 지시를 받아서 하나님이 맡기신 사명을 하나님의 의도에 맞게 수행할 수 있다. 이것이 인간에게 맡겨진 청지기적 사명이다. 인간은 하나님의 창조계획 단계에서부터 하나님이 위임하신 사명을 수행하기 위한 하나님의 청지기로 창조되었다.

하나님께서 인간을 하나님의 형상대로 창조하시고 인간에게 청지기적 사명을 맡기는 일에 과정에서도 하나님은 여전히 주어이며 인간은 목적어이다: 하나님께서(주어) + 청지기적 사명을(직접목적어) + 인간에게(간접목적어) + 맡기셨다.(동사) 사명을 수행함에 있어서도 목적어인 인간이 주어인 하나님의 자리를 차지할 수 없다. 그렇게 되면 창조질서가 깨어지는 것이다. 인간은 하나님께서 맡기신 사명을 하나님의 의도대로 잘 수행해야 한다. 이렇게 하는 것이 착하고 지혜롭고 충성된 청지기이다. 성경적인 세계관의 관점에서 인간의 생각과 행동을 정의하면 인간은 삶의 모든 영역에서 하나님의 뜻을 바로 깨닫고 그 뜻을 이루기 위해서 자기에게 주어진 모든 역량을 동원하여 충성해야 한다. 이 사명을 잘 감당하라고 하나님께서 인간에 '복을 주신'(창 1:28) 것이다.

    창세기 1장에서 우리는 인간 창조의 특징을 세 가지로 정리할 수 있다. 창조의 큰 밑그림은 창세기 1장 1절 말씀이다. 하나님이 천지를 창조하셨다. 그 안에 인간 창조도 포함되어 있다. 인간 창조는 그 방법과 존재에 있어서 다른 피조물들과 분명하게 구별된다. 다른 피조물들과 구별되는 인간 창조의 첫 번째 특징은 인간을 하나님의 형상대로 창조하였다는 것이다. 하나님은 인간을 창조하실 때 하나님과 직접 교제가 가능한 존재로 만들었다. 두 번째 특징은 하나님께서 인간에게 복을 주셨다. 다른 피조물들과는 구별되는 특별한 재능을 주셨다. 세 번째 특징은 하나님께서 인간에게 하나님의 대리자적인 사명을 주셨다.

    하나님께서 인간에게 하나님의 형상이라는 특별한 지위를 주신 것은 청지기적 사명이라는 특별한 임무를 수행하라고 주신 것이다. 하나님은 창조에서부터 '노블리스 오블리제' Noblesse Oblige 라는 원칙을 적용하셨다. '노블리스 오블리제'라는 말은 높은 사회적 신분을 가진 사람들에게는 그것에 상응하는 도덕적 의무가 요구된다는 말로 사용된다. 이 말은 초기 로마시대에 왕과 귀족들이 보여준 투철한 도덕의식과 솔선수범하는 공공정신에서 비롯되었다고 설명하는 사람들도 있지만 사실은 하나님의 창조 질서에서부터 시작된 것이다. 하나님의 피조물이라는 전체 창조공동체에서 하나님의 형상이라는 특별한 지위를 부여 받은 인간에게는 청지기적 사명이라는 특별한 임무가 요구된다.

더 많이 받은 사람이 더 많이 봉사해야 하는 것은 하나님의 창조 원리이다. 이 원칙은 인간 공동체뿐만 아니라 하나님이 창조하신 모든 만물에도 적용된다. 이 원리 안에 인간 창조의 실천적 의미가 내포되어 있다.

청지기적 사명의 실천적 의미

인간이 하나님으로부터 부여 받은 청지기적 사명을 잘 수행하기 위해서는 세 가지 면에서 건강한 관계가 유지되어야 한다. 첫 번째는 창조의 주어이며 사명을 맡기신 주어인 하나님과의 관계이다. 두 번째는 인간과의 관계이다. 하나님이 맡기신 청지기적 사명은 한 개인에게 주신 사명이 아니라 인간 공동체에 주신 사명이다.

하나님께서 사람을 창조하실 때 남자와 여자로 만드셨다. 공동체 안에서 살아가도록 창조하시고 그들에게 생육하고 번성하라는 복을 주셨다. 세 번째는 자연과의 관계이다. 하나님은 인간에게 자연의 모든 사물들을 하나님을 대신하여 다스리라고 맡기셨다.

 지금까지 언급한 세 가지 면에서 하나님의 창조 질서에 부합하는 건강한 관계가 유지되지 않고서는 인간은 자신에게 부여된 청지기적 사명을 제대로 수행할 수 없다.

하나님과 인간과의 관계

세계관의 첫 번째 중요한 원리는 하나님과 인간과의 관계이다. 모든 세계관은 인간과 창조자와의 관계를 설정하는 하나의 근본 원리에서 출발한다. 성경적 세계관의 특징은 하나님과 인간의 관계를 존재론적 구분에서 시작한다. 하나님은 창조자이며 인간은 하나님의 피조물이다. 창조자와 피조물은 존재론적 질에 있어서 같은 수준이 될 수 없다. 어떤 경우에도 피조물이 창조자가 될 수는 없다. 너무나 당연한 원칙인 것 같지만 범신론적 관점을 가지는 자연주의적 세계관에서는 존재론적 구분이 없다. 자연주의 세계관은 피조물 안에서 어떤 특정한 대상을 창조자로 추측하고 가정하고 경배하는 경향을 보인다. 그래서 하늘의 태양과 달과 별을 섬기며 나무와 바위와 산을 섬기는 우상숭배와 자연주의적 종교가 가능한 것이다.

 성경적 세계관은 자연주의 세계관처럼 피조물 안에서 하나님을 찾지 않는다. 하나님의 피조물인 목적어 안에서 어느 한 특정한 대상을 추론하여 주어의 자리에 올려놓을 수는 없다는 것이다. 창조 질서 안에서 주어는 처음부터 주어의 자리에 있어야 하고 목적어는 끝까지 목적어의 자리에 있어야 한다. 이 경계는 어떤 경우에도 허물어질 수 없다. 이것이 성경적 세계관에서 말하는 하나님과 인간과의 관계를 설정하는 가장 중요한 원칙이다.

성경적 세계관은 창조자 하나님과 피조물인 인간 사이에 존재론적 구분이 있다고 분명히 말하지만 그렇다고 하나님과 인간의 분리를 말하지는 않는다. 하나님은 창조자이고 인간은 피조물이지만 인간은 하나님과 직접 교제할 수 있는 존재로 창조되었다. 다른 세계관과 비교해서 성경적 세계관이 가지는 가장 두드러진 특징은 인간은 창조자와 구분되는 피조물이지만 하나님의 형상대로 만들어졌기 때문에 하나님과 교제할 수 있는 존재라는 것이다. 그렇기 때문에 인간은 모든 피조물 가운데서 하나님의 대리자적 지위와 역할을 수행할 수 있다. 하나님은 창조의 계획 단계에서부터 인간에게 이런 역할과 사명을 맡기기 위해서 인간을 하나님의 형상이라는 특별한 존재로 만들었다.

성경적 세계관은 하나님이 성령 안에서 인간과 직접 교제하신다는 핵심원리를 선포한다. 하나님과의 직접 교제가 불가능하다면 인간은 처음부터 하나님의 청지기적 사명을 수행할 수 없다. 그렇기 때문에 인간에게 주어진 가장 중요한 사명은 창조자 하나님과 지속적으로 교제하는 것이다. 형상이 원본과 교제가 끊어지면 형상은 그 기능을 발휘할 수 없다. 예를 들면 휴대폰이 통화권을 이탈하면 제대로 작동하지 않는 것과 같다고 설명할 수 있다. 우리는 일상생활 속에서 휴대폰을 대단히 편리하게 사용하고 있으며 휴대폰이 없으면 심리적 공황상태를 느낄 정도로 휴대폰은 우리의 생활에 밀접하게 연관되어 있다. 그렇지만 휴대폰이 단말기 안에 내장되어 있는 자체적인 기계 장치로 모든 기능을 수행하는 것은 아니다. 휴대폰이 기지국과 연결되는 통화권 안에 있을 때 그 기기가 가지고 있는 기능들이 정상적으로 작동된다. 통화권을 이탈하는 순간 휴대폰 기능의 대부분이 작동되지 않는다. 이것이 원본과 형상과의 관계라고 말할 수 있다. 하나님은 기지국이고 하나님의 형상대로 만들어진 인간은 기지국의 신호를 받아서 기능을 수행하는 휴대폰 단말기와 같다.

인간에게 있어서 가장 중요한 첫 번째 사명은 하나님의 통화권 안에 머물면서 하나님과 지속적으로 교제하는 것이다. 어떤 이유로든지 간에 하나님과의 교제가 끊어지면 인간은 하나님의 창조 목적에 맞는 하나님의 대리자적 역할을 수행할 수 없다. 정말 다행인 것은 인간이 하나님과의 통화권을 이탈하게 되면 하나님께서 먼저 인간을 찾으신다. 창세기 3장에 보면 하나님의 낯을 피하여 숨은 아담에게 하나님께서 먼저 찾아 오셨다. 하나님이 노아를 부르시고 하나님이 아브라함을 부르셨다. 그것도 모자라서 하나님이 인간의 몸을 입고 직접 인간들 속으로 찾아 오셨다. 그분이 임마누엘로 오신 예수님이다. 예수님이 부활하시고 승천하신 후에는 다른 보혜사 성령을 우리에게 보내 주셨다. 하나님이 먼저 인간을 찾아오는 것이 성경에 기록된 하나님의 일관된 원칙이다. 이 원칙은 지금도 우리

가운데서 변함없이 작동하고 있다.

우리가 하나님과 교제하는 구체적인 방법은 하나님의 계시의 말씀을 통하여 하나님의 계획과 뜻을 깨닫고 기도를 통하여 우리의 모든 생각과 필요를 하나님께 아뢰는 것이다. 예배와 찬양을 통해서 하나님의 영광을 선포하고 하나님의 은혜를 누리게 된다. 이 과정에서 성령이 모든 소통을 가능하게 하신다.

간단히 정리하면 성경적 세계관은 인간이 하나님과 직접 교제할 수 있다는 근본원리에서 출발한다. 창조자 하나님과 피조물인 인간 사이에는 분명한 존재론적인 구분이 있지만 완전히 분리된 것은 아니다. 인간은 성령 안에서 하나님의 계시의 말씀을 통하여 하나님과 직접 교제할 수 있기 때문에 창조 세계 가운데서 하나님의 대리자적 지위와 역할을 수행할 수 있다. 하나님의 대리자로서 인간에게 가장 중요한 사명은 하나님과 지속적으로 교제하는 것이다. 하나님과의 교제권을 이탈하는 순간 인간은 하나님의 청지기로서의 사명을 정상적으로 수행할 수 없다.

인간과 인간과의 관계

성경적 세계관의 두 번째 중요한 원리는 인간과 인간과의 관계이다. 하나님은 인간을 창조하실 때 남자와 여자로 창조하셨다. 공동체 안에서 존재하고 공동체 안에서 살아가도록 창조하셨다. 하나님이 주신 청지기적 사명도 한 개인에게만 주신 것이 아니라 인간이라는 전체 공동체가 수행해야 할 공동체적 사명이다. 하나님은 창조나 구원 사역에 있어서 인간에게 특정한 사명을 맡기면서 무엇보다도 먼저 그 사명을 수행할 수 있는 언약적 공동체를 만드셨다. 하나님은 자신이 맡길 사명을 수행할 대리자로 아담과 그를 돕는 배필 하와를 만드셨다. 아담과 하와는 하나님의 청지기적 사명을 수행할 공동체로 부름을 받은 것이다. 하나님은 죄 가운데 빠진 인간을 구원하기 위해서 아브라함을 부르시고 그의 후손을 번성하게 하셨다. 인간 역사 가운데서 하나님의 구원 역사를 이루어갈 언약 공동체를 부르신 것이다. 예수님은 이 땅에 오셔서 제자들을 부르시고 오순절에 성령을 주셔서 복음 사역을 수행할 교회 공동체를 부르셨다. 하나님이 인간에게 맡기신 청지기적 사역은 하나님이 부르신 언약 공동체를 통하여 수행되어야 할 공동체적 사명이다.

인간의 전체 삶을 하나님 앞에서 평가한다면 모든 인간은 하나님의 피조물이며 죄인이다. 이 말의 의미는 인간이 인간을 지배할 수 있는 근거는 인간 자신에게는 없다는 것이다. 모든 사람은 두 가지 면에서 하나님 앞에서 동등하다. 첫 번째는 모두가 하나님의 피조물이라는 면에서 동등하다. 두 번째는 모두가 하나님 앞에서 죄인이라는 면에서 동등하다. 욥기서에서 벌어지는 논쟁 가운데 엘리후가 욥에게 이렇게 말한다: "나와 그대가 하나님 앞에서 동일하니 나도 흙으로 지으심을 입었은즉 내 위엄으로는 그대를 두렵게 하지 못하고 내 손으로는 그대를 누르지 못하느니라."(욥 33:6-7) 하나님께서 우리에게 주신 것이 아니면 사람 사이에 무슨 차별이 있을 수 없다.

하나님께서 어떤 사람에게는 능력과 은사에 있어서 더 많은 것을 주신 것도 사실이다. 성경은 하나님의 은혜로 개인이나 공동체에 성품이나 재능의 우월함이 있음을 인정한다. 하나님께서 어떤 개인이나 특정 공동체에 더 많은 재능과 수단을 주신 이유가 무엇인지를 알아야 한다. 하나님은 어떤 개인이나 공동체가 자신의 영향력을 확대하고 야심찬 교만을 드러내라고 우월함을 주시지 않았다. 하나님께서 어떤 사람에게 더 많은 것을 주신 근본적인 목적은 건강한 사명 공동체를 세우기 위해서 섬기라고 주신 것이다.

창세기는 하나님께서 언약 공동체를 세워가는 과정을 비교적 상세하게 다루고 있다. 이 과정에서 중요한 인물이 아브라함과 요셉이다. 아브라함은 하나님의 부르심을 받고 언약 공동체를 시작한 인물이다. 창세기를 읽어보면 아브라함은 수많은 고난의 과정을 통과하였다. 갈대아 우르에서 부르심을 받고 가나안에 정착하기까지 성경에는 일일이 기록되지는 않았지만 엄청난 역경의 과정이 있었을 것이다. 그리고 그의 가정에서 겪은 어려움도 보통의 수준을 훨씬 넘어선 것이다. 상속자를 낳고 대를 이어가는 과정에서 가족을 찢어내야 하는 그의 마음이 어떠했겠는가? 이런 어려움과 역경의 과정에서 아브라함이 하나님께 보인 순종도 대단한 것이었다.

 그러나 한편으로는 하나님께서 아브라함에게 베푸신 은혜는 너무나 크다는 것을 알 수 있다. 하나님께서 일방적으로 아브라함을 부르시고 아브라함에게 일방적인 약속을 하시고 하나님께서 아브라함의 삶을 통하여 하나님이 약속하신 것을 이루셨다. 때로는 애굽 왕 바로와의 관계에서(창세기 12장) 그랄 왕 아비멜렉과의 관계에서(창세기 20장) 하나님은 아브라함에게 일방적인 지지를 보내는 상면도 볼 수 있다. 아브라함의 도덕적 결함에도 불구하고 하나님은 아브라함을 하나님의 '선지자'(창 20:7)라고 선언하시는 대목에 가서는 더 이상 할 말이 없다. 하나님께서 왜 아브라함에게 이런 은혜를 베푸셨을까? 우리가 성경을 통하여 추정할 수 있는 가장 중요한 그 이유는 하나님의 언약 백성을 세우기 위한 것이었다. 아브라함 개인을 위한 것이 아니라 그의 후손들을 위한 것이었고 그의 후손들을 통하여 이루어 가실 하나님의 구원계획을 위해서 아브라함에게 은혜를 주신 것이다.

하나님의 언약 백성을 세우는 과정에서 아브라함이 창업자라면 그들을 한 민족으로 성장시키는 데 절대적인 공헌을 한 사람은 요셉이다. 하나님께서 요셉에게 베푸신 은혜는 말로 다 표현할 수 없을 정도이다. 물론 요셉에게 고난이 없었다는 것은 아니다. 요셉도 인간이 견디기 힘든 엄청난 고난의 과정을 통과하였다. 그렇지만 애굽에 노예로 팔려온 요셉이 문화도 다르고 민족도 다르고 인맥도 전혀 없는 이국땅에서 13년 만에 세계를 지배하던 나라인 애굽에서 전권을 가진 총리가 된다는 것은 인간의 상식으로는 불가능한 일이다. 하나님의 전폭적인 지지와 절대적 은혜로 된 것이다.

하나님께서 왜 요셉에게 이런 은혜를 주셨을까? 우리는 창세기 마지막 부분에 있는 요셉의 고백을 통해서 그 이유를 알 수 있다: "19) 요셉이 그들에게 이르되 두려워하지 마소서! 내가 하나님을 대신하리이까? 20) 당신들은 나를 해하려 하였으나 하나님은 그것을 선으로 바꾸사 오늘과 같이 많은 백성의 생명을 구원하게 하시려 하셨나니 21) 당신들은 두려워하지 마소서! 내가 당신들과 당신들의 자녀를 기르리이다 하고 그들을 간곡한 말로 위로하였더라."(창 50:19-21) 하나님께서 요셉에게 특별한 은혜를 주신 이유를 요셉은 정확하게 알고 있었다. 요셉은 끝까지 하나님의 의도에서 벗어나지 않는 삶을 살았다. "내가 하나님을 대신하리이까?" 이 고백은 요셉의 믿음과 인생관이 어떠했는지를 잘 드러내고 있다. 하나님께서는 많은 백성의 생명을 구원하고 하나님의 언약 공동체를 세우기 위해서 요셉에게 특별한 은혜를 주신 것이다.

성경적 세계관을 체계화시키고 실천하려고 노력한 개혁신학자들이 지속적으로 고백하는 말이 있다. 개혁자들은 다른 사람보다 더 위대하지 않다. 어떤 개인이 위대한 것이 아니라 그 개인 안에서 역사하시는 성령이 위대하다고 고백한다. 개혁주의 신앙운동은 성령이 역사하시는 사람들을 통해서 일어났다. 한 사람의 삶 전체를 하나님 앞에서 살아야 한다는 확신이 개혁주의 신학의 근본 사상이다. 이 말의 의미는 하나님이 우리 삶의 모든 영역에서 주인이 되어야 하며 우리는 하나님의 충성스런 청지기로 살아갈 뿐이라는 것이다.

하나님의 청지기로 살아가는 우리 삶의 목적은 하나님을 영화롭게 하고 그를 영원토록 즐거워하는 것이다. 하나님의 영광과 인간의 즐거움은 결코 분리될 수 없다. 우리가 하나님의 청지기로서

하나님의 영광을 드러내는 삶을 살 때 우리는 하나님의 즐거움에
참여하게 된다.(마 25:21 23) 우리가 하나님의 즐거움에 참여할 때
비로서 진정한 자아 성취가 이루어진다.

 간단히 정리하면 사람에게 주어진 두 번째 사명은 공동체를
세우는 것이다. 인간은 사회적 존재로 지음을 받았기 때문에 관계성
속에서 존재한다. 인간과 인간 사이에서 창조 질서의 실현은 삶에
대한 평등과 자유를 실현하는 것이다. 정치적으로나 사회적으로
모든 사람이 단지 사람이라는 이유로 하나님의 형상을 따라 지음
받은 피조물로서 인정받고 존중 받고 대접 받아야 할 때까지
노력하는 것이다. 다시 말하면 하나님의 사명을 받은 청지기로서
인간과 인간의 관계에서 섬김의 핵심은 사람을 세우고 청지기적
공동체를 세우는 것이다. 모든 사람을 하나님의 뜻을 이루어가는
동역자로 준비시키고 세우는 것이 인간에 대한 청지기적 섬김의
핵심이다.

인간과 세상과의 관계

성경적 세계관의 세 번째 중요한 원리는 인간과 세상과의 관계이다.
성경은 인간을 하나님의 형상으로 존중한다. 그렇다고 자연세계를
무시하는 것은 결코 아니다. 자연세계도 하나님의 피조물로
존중한다. 모든 세계는 하나님의 피조물이며 하나님의 것이다.
하나님의 것이기 때문에 하나님의 소유권을 인정하고 하나님께서
원하시는 방법대로 자연을 대하고 관리해야 한다. 이것이 인간에게

맡겨진 자연에 대한 청지기적 사명이다.

　　성경적 세계관은 자연 세계를 하나님의 것으로 인정하고 존중하는 면에 있어서 다른 세계관과는 확실하게 구별된다. 예를 들면 자연주의 세계관은 자연을 너무 높게 평가한다. 자연이 모든 만물의 근원이라고 생각하고 인간도 자연의 산물이라고 생각한다. 자연을 창조자의 위치에 올려놓게 된다. 그렇게 해서 자연을 신성시하는 범신론으로 흐르게 된다. 범신론은 자연 안에서 신을 찾는다. 창조자가 피조물 안에 내재해 있으며 창조자와 피조물의 구별은 사라진다. 주어와 목적어의 구분이 없어지거나 혹은 목적어를 주어의 위치에 올려놓게 되는 것이다.

　　자연주의 세계관과는 반대로 그리스 철학은 영은 선하고 물질은 악하다는 이분법적 사고를 가지고 있다. 이런 이원론에 근거하여 자연을 보면 물질로 구성된 자연 세계는 제거되어야 할 악의 덩어리에 지나지 않는다. 자연주의 세계관이 자연 세계를 너무 높게 평가하여 신의 경지로 격상시켰다면 그리스 철학은 자연 세계를 악의 축으로 너무 격하시켜 버렸다.

　　성경은 좌로나 우로나 치우치지 말라고 경고한다. 자연은 결코 하나님의 경지로 높아질 수 없으며 그렇다고 악의 덩어리로 혐오해서도 안 된다. 자연은 하나님이 창조하신 피조물이며 하나님의 것이다. 하나님이 창조하신 모든 자연 세계는 선한 것이다. 하나님께서 만물을 창조하신 후에 이렇게 평가하셨다: "하나님이 지으신 그 모든 것을 보시니 보시기에 심히 좋았더라."(창 1:31) 자연에 대한 하나님의 평가는 자연주의 세계관의 잘못된 생각을 바로 잡아 줄 뿐만 아니라 그리스 철학의 잘못된 생각도 바로잡아 준다. 성경은 자연에 대한 인간의 잘못된 시각을 교정해 주는 안경 역할을 하는 것이다.

하나님은 인간에게 창조세계를 다스리는 청지기적 사명을 주셨다: "하나님이 그들에게 복을 주시며 하나님이 그들에게 이르시되 생육하고 번성하여 땅에 충만하라 땅을 정복하라 바다의 물고기와 하늘의 새와 땅에 움직이는 모든 생물을 다스리라 하시니라."(창 1:28) 하나님의 형상대로 지음을 받은 인간에게 하나님을 대신해서 하나님의 피조물들을 다스리고 관리하라는 사명을 주신 것이다. 자연은 인간의 통제 아래 속한 것이 아니라 하나님의 소유이기 때문에 우리는 하나님의 계획과 의도에 맞게 자연을 다스리고 관리해야 한다.

근래에 와서 환경 파괴에 대한 사람들의 경각심이 높아지면서 자연 세계를 다스리라는 성경의 명령은 많은 오해를 받고 있다. 자연주의적 세계관을 가진 일부 환경론자들은 성경이 인간에게 자연을 다스리라는 지위를 주었기 때문에 기독교가 자연에 대해서 지나치게 인간 중심적인 가치관을 가지게 했으며 그 결과로 생태계의 위기가 초래되었다고 불평한다. 그들의 주장에 의하면 인간은 자연의 절대적 통치자이며 자연은 인간의 효용 가치를 위해서 이용되고 착취되도록 기다리고 있는 창고에 지나지 않는다. 기독교 세계관은 인간으로 하여금 자연에 대해서 폭군적인 지위를 가지고 자연을 마음대로 착취하게 만들기 때문에 기독교가 생태계 파괴의 일차적 원인 제공자라고 주장한다. 이런 주장은 문화사학자인 린 화이트(Lynn White Jr.; 1907-1987)에 이르러서 절정을 이루었다. 화이트는 '우리의 생태 위기의 역사적 뿌리'라는 논문을 통하여 기독교는 전형적인 인간 중심적 세계관을 가지고 있으며 그런 인간 중심적인 세계관이 자연환경에 대해 파괴적인 태도를 가지게 했다는 생각을 최초로 대중적 이슈로 보편화시켰다. 기독교 신학계 안에서도 화이트의 주장에 동조하여 범신론적 pantheistic 세계관에 입각하여 기독교를 친환경 신학으로 개조해야 한다는 생태신학 eco-theology 적 흐름이 과정신학 process theology 자들을 중심으로 등장하게 되었다.

기독교가 환경파괴의 주범이라는 화이트의 주장은 여러 가지 면에서 분석적인 오류와 논리적 모순을 가지고 있다. 그 중에서 가장 치명적인 결함은 '땅을 정복하라'는 말씀에 함축되어 있는 다스림 dominion 에 대한 성경적 개념을 제대로 이해하지 못한 데서 기인한다. 성경이 말하는 '다스림'의 개념을 오해하는 가장 일반적인 오류는 인간에게 위임된 청지기적 사명을 인간의 자의적인 지배적 군림(domination)으로 생각하는 것이다.

    예수님의 설명에 의하면(마 20:25-28) '다스림'의 개념을 두 가지로 구분할 수 있다. 하나는 이방인들의 집권자들처럼 폭군적 통치자의 위치에서 자신의 유익과 즐거움을 위해서 다스림의 대상들 위에 지배적으로 군림하는 것이다. 다른 하나는 예수님이 제시한 모델처럼 다스리는 대상의 유익이나 안전을 위해서 봉사자의 위치에서 그것들을 섬기는 청지기적 역할이다. 우리는 예수님이 설명하신 대로 폭군적 군림과 청지기적 섬김이라는 두 종류의 다스림에 대한 개념의 차이를 분명히 구분해야 한다. 이 두 개념을 자연환경에 적용한다면 폭군적 군림은 자신의 유익을 위해서 자연을 정복하고 착취하는 것이지만 청지기적 섬김은 창조자 하나님의 뜻에 따라 피조물들이 가지고 있는 각각의 잠재력을 충분히 발휘하도록 섬기는 것이다.

창세기 1장 28절의 '다스리라'는 말의 의미가 무엇인지는 창세기 2장15절에 의해서 좀 더 구체적으로 설명될 수 있다. '여호와 하나님이 그 사람을 이끌어 에덴동산에 두사 그것을 다스리며 지키게 하시고'(개역성경)라는 말씀에서 아담과 그의 후손들이 부여 받은 사명은 에덴을 다스리고 지키는 것이다. 여기서 '다스리며'로 번역된 히브리어 아바드 abad 라는 동사는 '섬기다' serve 라는 의미를 가진 일상적인 용어이다. 이 동사의 목적어가 땅이 될 때는 일반적으로 창세기 2장 5절에서처럼 '갈다' '경작하다'는 의미를 가지게 된다. 경작의 의미를 가진 다스림의 개념은 폭군적인 통치가 아니라 청지기적 섬김을 의미한다. 또 '지키게'라고 번역된 히브리어 '샤마르' shamar 라는 동사는 여러 가지 뉘앙스를 가지고 있지만 창세기 2장 15절의 문맥에서는 창조의 질서를 보존하도록 노력하는 것을 의미한다. 따라서 에덴을 다스리고 지키는 인간의 사명은 일차적으로 인간 자신을 위한 지배와 군림이 아니라 하나님의 소유권에 대한 섬김이며 하나님의 뜻에 따라서 자연을 보존하고 관리하는 청지기적 사명을 의미한다.

자연환경을 포함한 세상에 대한 인간의 사명은 청지기적 경작(혹은 섬김)의 사명이다. 경작이 무엇을 의미하는지는 농사나 화초를 가꾸는 일을 생각해 보면 쉽게 이해가 된다. 농사를 짓든 화초를 가꾸든 경작은 우리가 가꾸는 대상이 가지고 있는 잠재력을 최대한 발휘하도록 여건을 만들어주고 필요한 것을 공급하고 자극하고 보호하는 것이다. 다시 말하면 인간에게 주어진 세 번째 사명은 하나님의 동역자로서 세상을 경작하는 것이다. 하나님의 대리자로서 다른 피조물들이 잠재력을 충분히 발휘하도록 섬기는 사역이다. 따라서 우리는 하나님의 청지기로서 삶의 모든 영역에서 창조세계 가운데 숨겨져 있는 잠재력을 최대로 드러내는 거룩한 사명을 감당해야 한다. 창조의 잠재력을 드러나게 하는 경작의 사명은 하나님이 창조하신 세상을 하나님의 영광으로 충만하게 하는 것이다. 충성스런 청지기의 궁극적 소망은 하나님의 영광이 충만한 하나님의 기쁨에 참여하는 것이다.

보시기에 심히 좋았더라

성경이 말씀하는 세계관의 기본 구도는 "하나님이 천지를 창조하셨다"이다: "하나님이(S/ 주어) + 창조하셨다 (V/ 동사) + 천지를." (O/ 목적) 여기서 어떤 경우에도 주어와 목적어가 뒤집히면 안 된다. 주어의 자리에 인간을 올려놓으면 인본주의 세계관이 된다. 주어의 자리에 자연을 올려놓으면 자연주의 세계관이 된다. 주어의 자리에 다른 것을 올려놓은 것이 바로 수많은 우상 숭배이다.

성경적 세계관의 기본 구도에서 인간은 특별한 지위와 역할을 가진다. 인간은 하나님과 직접 교제할 수 있는 하나님의 형상대로 만들어졌다. 그래서 하나님을 대신해서 하나님의 창조세계를 다스리는 청지기적 사명을 부여 받았다.

창조자 하나님과 청지기적 사명을 부여 받은 인간을 포함한 모든 피조물들이 바라는 창조의 완성은 하나님의 기쁨에 참여하는 것이다. 이런 면에서 창세기 1장 31절은 성경적 세계관의 완성이다: "하나님이 지으신 그 모든 것을 보시니 보시기에 심히 좋았더라." 창세기 1장 1절이 성경적 세계관을 세우는 기초라면 창세기 1장 26-28절은 기초 위에 세운 세 개의 기둥이며 창세기 1장 31절은 성경적 세계관의 건물을 완성하는 지붕이라고 비유할 수 있다.

'보시기에 심히 좋았더라'는 상태는 하나님의 의도대로 모든 것이 이루어졌으며 피조물들 간에 완벽한 조화를 이루는 아름다운 상태이다. 각각의 피조물들은 하나님이 의도하신 대로 각자의 잠재력이 충분히 발휘된 최고의 기쁨의 상태이다. 하나님의 영광과 피조물들의 기쁨이 함께 어우러진 완전한 상태이다. 이 과정에서 하나님의 청지기로서 인간에게 부여된 사명은 자신과 세상의 잠재력을 충분히 드러냄으로써 창조자 하나님을 영화롭게 하는 것이며 청지기의 궁극적 소망은 착하고 충성된 종으로서 하나님을 영원토록 즐거워하며 청지기 자신도 하나님과 함께 즐거워하는 창조자 하나님의 기쁨에 참여하는 것이다.

**되새김질을
위한 질문**

1. 인간의 논리와 지혜로 하나님의 존재를 증명할 수 있다고 생각하십니까?

2. 하나님의 존재를 포함한 모든 사물과 현상에 대한 인간의 분석과 평가는 모두 결과론적이라는 말은 인간의 능력에 어떤 한계가 있음을 지적하는 말이라고 생각하십니까?

3. 세상을 분석하고 해석함에 있어서 성경적 세계관의 타당한 근거는 무엇이라고 생각하십니까?

4. 창세기 1장 1절에 나타난 세계관의 근본적인 구조는 어떤 것인지 간단히 정리해 봅시다.

5. 하나님이 인간을 창조하기 전에 세우신 인간 창조의 특별한 목적과 계획은 무엇이라고 생각하십니까?

6. 하나님의 형상으로서 인간이 가지는 가장 두드러진 특징과 역할은 무엇이라고 생각하십니까?

7. 하나님과의 관계에서 인간에게 주어진 핵심적인 사명은 무엇이라고 생각하십니까?

8. 인간과의 관계에서 인간에게 주어진 핵심적인 사명은 무엇이라고 생각하십니까?

9. 그리스 철학이나 자연주의 세계관과 비교하여 자연 세계에 대해서 성경적 세계관이 가지는 특징은 어떤 것이라고 생각하십니까?

10. 기독교가 환경 파괴의 일차적 원인 제공자라는 주장은 어떤 점에서 잘못된 것이라고 생각하십니까?

11. 자연과의 관계에서 인간에게 주어진 핵심적인 사명은 무엇이라고 생각하십니까?

청 지 기
영성훈련
특　강

Chapter Five

5
창조 질서의 타락과 회복

하나님의 선하신 창조

대리자를 통한 지속적인 창조

창조 질서의 타락

창조의 회복

창조 질서의
타락과 회복

5

하나님은 6일 동안 천지를 창조하셨다. 하나님께서 6일 간의 창조를 마친 후 그 모든 창조세계를 보시고 '보시기에 심히 좋았더라'(창 1:31)고 평가하셨다. 하나님의 평가는 이중적인 의미를 가지고 있다. 창조자 하나님 편에서 본다면 하나님께서 의도하신 대로 모든 것이 다 이루어졌으며 창조의 결과에 대해서 대단히 만족하신다는 것이다. 예를 들면 어떤 사람이 평소에 자기가 생각하고 있는 아름답고 편리한 건물을 지을 계획을 가지고 그것을 실행에 옮긴 것과 같다. 자기가 마음에 그리던 이상적인 집을 짓기 위해서 좋은 입지조건을 가진 대지를 구입해서 자기가 원하는 설계도에 따라 자기가 원하는 재료로 건물을 완공했다. 완공된 건물을 보니까 모든 것이 자기가 원하는 대로 잘 되었다. 그 때 그 사람이 그 건물을 보면서 느끼는 마음이 어떻겠는가? 그야말로 보기에 심히 좋은 건물일 것이다. '보기에 심히 좋다'는 말은 만족과 기쁨과 성취감이 다 들어있는 미적인 평가이다.

다른 한편으로 '보시기에 심히 좋았다'라는 평가는 창조자의
기쁨뿐만 아니라 창조의 대상인 모든 피조물들의 기쁨도 포함된
평가이다. 모든 피조물들이 하나님이 의도하신 계획대로 잘
만들어졌다면 그들은 행복한 상태이겠는가? 고통스럽고 불행한
상태이겠는가? 만약 하나님께서 창조하신 세계 안에서 피조물들이
고통을 당하고 불행한 상태에 있다면 하나님은 '보시기에 심히
좋았다'라고 평가하지 않았을 것이다. 예를 들면 자기가 원하는
새로운 집을 지은 사람이 새 집으로 이사를 했다. 새 집으로 이사
온 온 가족들이 새로 지은 집을 좋아하고 아이들이 기뻐하고
즐거워하는 모습을 바라본다면 새 집을 지은 사람의 마음은 더 없이
흐뭇하고 만족함을 느낄 것이다. 그런데 만약에 새 집으로 이사를
왔는데 가족들이 집이 마음에 들지 않는다고 불평을 하고 아이들이
쫓아다니다가 다치고 여러 가지 위험 요소로 인하여 불안해한다면
그 집을 보고 '보기에 심히 좋았다'라고 평가할 수 있겠는가?
아무리 자기가 원하는 집을 지었다고 하더라도 그 집에서 살아가는
가족들이 싫어하고 불안을 느낀다면 결코 보기에 좋은 집이 될 수
없을 것이다.

　　하나님께서 '보시기에 심히 좋았더라'고 평가하신 창조 세계의
상태는 창조자 하나님 편에서는 창조계획의 완벽한 성취에 대한
기쁨과 만족을 느끼는 상태이면서 피조물들의 입장에서는 하나님이
심어주신 각자의 잠재력을 충분히 발휘할 수 있는 최고의 행복과
아름다운 조화를 경험하는 상태라고 말할 수 있다. 창조자의 기쁨과
피조물의 행복이 함께 어우러진 아름다운 조화의 상태가 '보시기에

심히 좋았더라'고 평가한 창조세계의 모습이다.

하나님의 선하신 창조

하나님께서 창조하신 모든 것을 보시고 '보시기에 심히 좋았더라'고 평가하신 것은 하나님께서 지으신 모든 것이 선하다는 것을 의미한다. 하나님이 창조하신 세계는 눈에 보이는 자연세계뿐만 아니라 눈에 보이지 않는 인간 사회의 모든 실체도 포함한다. 하나님께서 인간을 하나님의 형상대로 만드시고 하나님의 대리자적인 사명을 맡기셨기 때문에 인간의 생각과 인간의 활동을 통해서 구체적인 모습으로 드러날 사회적인 모든 제도와 질서도 하나님의 창조에 포함된 것이다.

이런 면에서 성경의 세계관은 그리스 철학에서 말하는 이원론과는 분명히 다르다. 그리스 철학에서는 영적이고 정신적인 것은 선하고 물질적이고 육체적인 것은 악하다고 생각한다. 육체적인 것이 악한 것이라면 하나님께서 창조하신 모든 물질세계는 결코 '보시기에 좋은 것'이 될 수 없다. 그러나 하나님은 분명히 선포하셨다. 하나님이 만드신 모든 것 정신적이고 영적인 세계뿐만 아니라 물질적인 자연세계도 선한 것이다. 하나님이 창조하신 모든 세계는 아름답고 선한 것이다.

하나님의 창조는 하나님의 주권적 부르심이다. **하나님은 세상을**

창조하시면서 말씀이라는 아주 특별한 도구를 사용하셨다. 하나님이 명령하신 대로 그대로 결과가 나타났다. '하나님이 이르시되… 하라'고 명령하시면 그 다음에는 '그대로 되니라'는 결과가 나타난다. 이것이 하나님께서 천지를 창조하신 원리이다. 다른 말로 표현하면 하나님의 창조는 창조자 하나님의 주권적 부르심이라고 말할 수 있다. 하나님이 부르시면 피조물들이 부름을 받고 하나님 앞에 나오는 것이다. 하나님의 창조적 부르심을 주권적인 부르심이라고 말하는 이유는 하나님께서 무에서 유를 불러내시는 전능하신 부르심이기 때문이다. 전능하신 하나님의 부르심은 어떤 조건과 환경에도 제한 받지 않고 무에서 유를 불러내신다. 그래서 로마서에서는 하나님의 주권적 부르심인 창조를 부활의 능력과 연결시켜서 이렇게 말씀한다: "그가 믿은바 하나님은 죽은 자를 살리시며 없는 것을 있는 것으로 부르시는 이시니라."(롬 4:17) 창조자의 주권적 부르심의 능력은 세상의 창조에서뿐만 아니라 죽은 나사로를 무덤에서 불러내시는 예수님의 부르심에서도 분명히 볼 수 있다.(요 11:43-44)

하나님께서 말씀으로 천지를 불러내시고 말씀으로 죽은 자를 살리시는 창조와 구원의 원리는 모든 피조물들의 존재에 대단히 중요한 의미를 함축하고 있다. 하나님의 말씀이 모든 존재의 시작이요 모든 존재를 지탱하는 기초가 된다는 것이다. 모든 피조물들은 하나님이 선포하신 말씀 위에서 존재하는 것이다. 하나님께서 모든 피조물들에게서 말씀을 거두어버리면 모든 존재의 기초가 무너지고 모든 피조물들은 사라질 수밖에 없다. 다른 말로

표현하면 모든 피조물은 하나님의 말씀과 분리되어서는 존재할
수 없다는 것이다. 하나님의 말씀이 창조의 법이요 모든 존재를
지탱하는 능력이며 모든 창조세계를 회복시키는 구원의 능력이다.
이런 의미에서 요한복음 1장은 말씀이 육신이 되어 우리 가운데
오신 예수 그리스도가 모든 창조의 시작과 구원의 과정에서 중심에
있다고 말씀한다. 따라서 피조물의 존재 원리는 하나님의 말씀으로
창조되었을 뿐만 아니라 하나님의 말씀에 지속적으로 순종함으로써
그 존재를 유지할 수 있으며 모든 기능과 역할을 정상적으로 발휘할
수 있다. 하나님은 말씀으로 천지를 창조하셨을 뿐만 아니라
말씀으로 모든 창조세계의 질서를 유지하시고 보존하신다. 하나님의
말씀이라는 틀 안에서 모든 세계는 '보시기에 심히 좋았더라'는
아름다운 상태를 유지하고 발전시킬 수 있다.

대리자를 통한 지속적인 창조

창세기는 하나님의 창조가 6일 만에 다 이루어졌다고 말씀한다.(창
2:1) 그러나 하나님의 창조행위에는 만드는 것과 다스리는 것이
포함되기 때문에 만드는 것은 완성되었다고 하더라도 보존하시고
섭리하시는 행위는 계속된다. 그리고 만드는 행위도 창조의
대리자로 세우신 인간을 통해서 계속된다. 만물을 만드시는
하나님의 직접적인 행위는 완성되었다고 하더라도 인간을 통한
간접적인 창조는 계속된다는 것이다. 물론 하나님의 총체적인

감독과 섭리 아래서 이루어지는 것이지만 말이다.

    하나님의 감독 하에서 아담이라는 대리자를 통한 간접적인 창조 행위를 보여주는 대표적인 예가 동물들의 이름을 짓는 장면이다.(창 2:19) 하나님께서 각종 짐승과 새들을 지으셨지만 그것들의 이름을 짓는 일은 아담에게 맡기셨다. 하나님께서 지으신 각종 동물들을 아담에게로 이끌어 오시니까 아담이 그 동물들의 이름을 지었다. 아담이 부르는 대로 그 동물들의 이름이 결정된 것이다. 여기서 알 수 있듯이 아담은 하나님의 형상으로서 하나님의 창조 행위를 그대로 따라 하고 있다. 하나님이 말씀으로 천지를 불러내었듯이 아담이 그 동물들의 이름을 부르니까 아담이 부르는 대로 그들의 이름이 되었다.

    또 다른 면에서 생각한다면 아담이 동물들의 이름을 짓는 행위가 하나님의 의도에 맞게 이루어졌다는 것이다. 아담이 이름을 짓고 하나님은 아담의 행위에 전적으로 동의함으로써 동물들의 이름이 결정되었다. 만약에 아담이 동물들의 이름을 짓는 행위가 하나님의 계획과 의도와는 전혀 다른 방향으로 이루어졌다면 그 상황에서도 아담이 부른 이름이 그 동물들의 이름으로 결정되었을까? 아마도 그렇지 않았을 것이다. 아담이 부르는 대로 동물들의 이름이 결정되었다는 것은 아담이라는 대리자를 통해서 계속되는 간접적인 창조행위가 하나님의 의도에 맞게 잘 이루어졌다는 것을 의미한다. 창조자 하나님과 그의 형상대로 만들어진 창조의 대리자 사이에 완벽한 소통과 아름다운 협력관계가 이루어지고 있음을 알 수 있다.

아담을 통한 간접적인 창조행위는 동물들의 이름을 짓는 것뿐만 아니라 하나님이 만드신 창조세계를 아름답게 채우는 행위를 통해서 지속적으로 이루어져야 한다. 왜냐하면 대리자를 통한 지속적인 창조는 하나님의 창조계획 속에 이미 포함되었기 때문이다. '생육하고 번성하여 땅에 충만하라'(창 1:28)는 명령 속에 아담을 통한 창조의 청사진이 다 들어 있다. 다른 말로 표현하면 창세기 1장 28절의 명령은 하나님의 형상대로 만들어진 대리자를 통해서 이루어질 간접적 창조의 줄기세포라고 말할 수 있다. 줄기세포 안에 인간의 숫자가 많아지고 사회가 발달함으로 만들어질 사회적 실체와 문화적인 모든 창조를 위한 유전자 정보가 다 들어 있다는 것이다. '생육하고 번성하여 땅에 충만하라'는 줄기세포가 분화하면 가정이 생기고 정치제도가 생기고 여러 가지 문화적인 현상이 생기게 되는 것이다.

아담이 하나님의 대리자로서 위임 받은 창조행위는 하나님이 만드신 창조세계를 채우고 관리하는 것이다. 하나님은 세상을 창조하시면서 인간이 경작해서 채울 여백을 남겨두셨다. 창세기 2장 5절에서 인간이 경작하고 채울 여백을 이렇게 설명하고 있다: "여호와 하나님이 땅에 비를 내리지 아니하셨고 땅을 갈 사람도 없었으므로 들에는 초목이 아직 없었고 밭에는 채소가 나지 아니하였으며" 하나님이 땅을 만드시고 비를 내리시면 인간은 그 땅을 갈고 경작하여 초목과 채소로 땅을 채우는 것이다. 하나님은 인간의 경작을 통해서 빈 땅이 채워질 수 있는 충분한 잠재력을 창조세계 속에 심어두셨기 때문에 인간의 창조적 사명은 경작을 통해서 창조세계 속에 심겨진 잠재력을 드러내어서 충만하게 채우는 것이다. 그렇게 해서 빈 땅이 초목들과 채소들로 가득 채워지면 그 결과를 보면서 인간 역시 하나님처럼 '보기에 심히 좋았더라'고 감탄하게 될 것이다. 이런 원리가 하나님께서 인간을 창조의 대리자로 세우시고 사명을 맡긴 기본 계획이다.

인간은 하나님의 창조적 대리자로 부름을 받았기 때문에 인간의 역사 history 를 하나님의 창조계획과 그 속에 포함된 인간의 사명이라는 관점에서 보아야 한다. 인간을 통한 지속적인 창조와 인간 역사의 아름다운 발전을 위해서는 하나님의 계획과 말씀에 지속적으로 순종하는 인간의 행위가 필수적이다. 왜냐하면 인간의 역사는 하나님께서 창조의 여백으로 남겨둔 공간을 하나님의 의도와 계획에 맞게 아름답게 채우는 것이기 때문이다. 하나님의 부르심을 받은 대리자로서 하나님의 창조세계를 맡은 청지기로서 인간의 가장 본질적인 역할은 역사의 진행과정에서 계속되는 하나님의 부르심에 지속적으로 순종하는 것이다. 하나님의 지속적인 부르심과 인간의 지속적인 순종을 통하여 역사 가운데 나타날 결과는 하나님이 보시기에도 인간이 보기에도 '보기에 심히 좋았더라'는 아름다운 모습이 될 것이다. 이런 면에서 인간의 존재와 역사를 이끌어 가는 근본적인 원리는 하나님의 말씀이며 하나님의 부르심에 지속적으로 순종하는 것이 창조의 완성과 인간 존재의 완성을 향한 역사의 과정이다.

  인간의 역사적 사명은 하나님께서 창조하신 이 세상을 하나님의

영광으로 충만하게 채우는 것이다. 예를 들면 도토리를 심어서
거대한 상수리나무로 키워내는 것과 같다. 도토리 알맹이 하나는
보잘것없는 것처럼 보인다. 그러나 그것을 땅에 심어서 잘 키우면
거대한 상수리나무가 된다. 하나님은 이 세상을 창조하시고 인간을
대리자로 부르시고 하나님의 창조계획이라는 유전자 정보가
들어있는 도토리를 맡기셨다. 하나님의 대리자로 부름을 받은
인간의 역사적 사명은 도토리를 심어서 하나님이 보시기에 아름다운
나무로 키워서 빈 땅을 하나님의 영광으로 충만하게 채우는 것이다.
그러기 위해서는 창조의 주인이신 하나님과 지속적인 소통이
필요하고 하나님의 계시의 말씀에 지속적으로 순종해야 한다.
하나님의 지속적인 부르심과 인간의 지속적인 순종이 어우러져서
하나님이 만드신 창조세계는 하나님의 영광이 가득한 아름다운
세계로 완성될 것이다.

창조 질서의 타락

인간은 하나님의 형상대로 하나님과 교제할 수 있는 존재로
만들어졌기 때문에 창조를 통한 하나님의 계획과 뜻을 분별할
수 있는 능력을 가졌다. 하나님의 창조 계시를 이해하고 그 뜻에
순종하는 삶의 자세를 성경은 지혜로운 삶이라고 말씀한다. 반대로
하나님의 계획을 제대로 이해하지 못하고 하나님의 뜻에 역행하는
것을 어리석은 삶이라고 말씀한다. 인간은 하나님의 뜻을 이해하고

지혜로운 삶을 살 수도 있고 하나님의 뜻을 제대로 이해하지 못하고 어리석은 삶을 살 수도 있다. 다른 말로 표현하면 인간은 하나님의 뜻에 순종할 수도 있고 순종하지 않을 수도 있다. 물론 인간은 하나님의 창조세계를 맡아서 관리하는 청지기로 부름을 받았기 때문에 불순종하는 행동에 대해서는 직간접적인 방법으로 하나님의 통제와 간섭이 따를 것이다. 그렇지만 행동의 결과에 상관없이 인간에게는 하나님께 순종하는 지혜로운 행동뿐만 아니라 하나님께 불순종하는 어리석은 행동을 할 수 있는 재량권도 주어졌다.

    아름답게 창조된 세계는 대리자로 부름을 받은 인간의 행동에 따라서 다양한 모습으로 전개될 수 있다. 인간이 창조자 하나님의 뜻을 잘 깨닫고 지속적으로 순종하는 지혜로운 행동을 한다면 하나님의 창조세계는 더욱 아름답게 발전하고 다양한 모습들로 채워질 것이다. 그러나 인간이 하나님의 뜻을 제대로 분별하지 못하고 어리석게 행동한다면 하나님의 창조세계는 위기를 맞이할 수도 있다. 예를 들면 건강하게 태어난 아이가 부모의 부주의로 질병에 걸려서 심각한 고통을 당하고 힘든 치료의 과정을 거치는 것에 비유할 수 있다. 이런 면에서 하나님의 뜻을 이해하고 깨닫는 인간의 영적 분별력과 지혜로운 행동은 창조세계에 지대한 영향을 미치게 된다. 창조세계를 경작하고 관리하는 인간의 사명과 역할이 그만큼 중요하다는 것이다.

아담의 불순종

아담과 하와는 하나님의 창조세계를 맡아서 경작하고 관리하는 대리자로 지음을 받았다. 동시에 앞으로 번성하고 충만하게 될 모든 인간의 대표로 부름을 받은 사람들이다. 이런 면에서 아담과 하와의 행동과 역할은 그들 개인에게만 국한 되는 것이 아니라 창조세계의 대표로서 모든 창조세계와 앞으로 태어날 모든 사람들에게 절대적인 영향을 미친다. 인간과 자연 세계에 속한 것 중에서 아담과 하와의 영향권에서 벗어난 것은 하나도 없다. 모든 피조물들은 하나님의 대리자로 세움을 받은 대표자 아담의 관리 아래서 서로 분리될 수 없는 공동운명체로 존재한다.

하나님은 창조의 대리자로 세우신 아담을 에덴에 두시고 그것을 경작하고 지키게 하시는 구체적인 사명을 부여하셨다. 하나님이 아담에게 사명을 맡기실 때 그에게 허용하신 것과 금지하신 것이 있다. 동산 각종 나무의 열매는 임의로 먹으라고 허용하셨다.(창 2:16) 아담은 하나님의 대리자로서의 사명을 감당하기 위해서는 하나님이 지속적으로 공급하시는 은혜가 필요하다. 그런 면에서 하나님은 아담이 자신의 사명에 충성하도록 먹을 것을 풍족하게 주셨다. 동산 각종 나무의 열매를 아담이 재량껏 먹을 수 있도록 허용하신 것이다.

하나님은 에덴의 모든 나무의 열매를 아담이 먹을 수 있도록 허용하시면서 한 가지 금지사항을 주셨다: "선악을 알게 하는 나무의 열매는 먹지 말라." 단순히 금지한 것이 아니라 엄중한 벌칙까지

첨가하여 금지하셨다: "네가 먹는 날에는 반드시 죽으리라."(창 2:17) 하나님의 금지는 대단히 엄중하다. 아담이 그것을 어기는 날에는 죽음이라는 극단적인 형벌을 '반드시' 받을 것이라고 강력하게 경고한다. 하나님의 금지는 아담이 창조의 대리자로 살아가면서 절대 넘어서는 안 되는 선이다. 어쩌면 창조자와 피조물의 한계만큼이나 넘을 수 없는 선이 하나님의 금지 명령이다.

 하나님께서 아담에게 이런 강력한 금지사항을 주신 의도는 아담에게 창조의 대리자로서 창조의 주인인 하나님께 지속적으로 충성하고 순종하게 하기 위한 언약적 안전장치로 주신 것이다. 아담은 결코 창조의 주인이 될 수 없다. 아담은 하나님의 피조물이다. 하나님의 형상대로 만들어진 특별한 피조물이기는 하지만 그래도 여전히 피조물의 한계를 넘을 수는 없다. 뿐만 아니라 아담은 하나님의 계획과 뜻을 실현해야 하는 하나님의 대리자이다. 하나님의 창조세계를 경작하고 지키는 사명을 부여 받은 하나님의 심부름꾼으로 존재한다. 이런 상황에서 아담이 자기에게 주어진 사명을 잘 감당하기 위한 가장 본질적인 자세는 하나님의 뜻에 대한 철저한 충성과 순종이다.

 하나님께서 아담에게 허용과 금지의 경계를 정한 것은 아담의 재량권의 범위를 분명히 정해 주신 것이다. 아담은 자기에게 주어진 재량권의 범위 안에서 자기의 모든 재능과 역량을 총동원하여 하나님이 창조하신 피조물들의 잠재력을 최대한 드러내도록 경작하고 지키는 사명을 수행해야 한다.

아담이 하나님의 대리자로서의 사명을 수행해야 하는 삶의 터전인 에덴동산에 그가 절대로 넘어서는 안 될 선이 있었다. 아담은 하나님의 금지를 때로는 불편하게 느낄 수도 있었을 것이다. 경우에 따라서는 하나님께서 선악을 알게 하는 나무의 열매는 왜 먹지 말라고 했을까? 하는 그런 의문과 궁금증도 생겼을 수도 있었을 것이다. 아니면 하나님께 대한 아담의 신뢰와 충성심이 워낙 강해서 그런 생각은 전혀 하지 않았을 수도 있다. 어쨌건 죽음의 형벌이 선언된 금지사항이 아담의 삶의 터전인 에덴에 존재한다는 것은 그에게 잠재적인 위험 요소인 것은 부정할 수 없다. 아담은 무심코 범하는 실수로라도 그 금지사항을 어겨서는 안 된다.

에덴에는 아담의 잠재적인 위험요소를 집요하게 파고드는 유혹자도 있었다. 하나님께서 지으신 들짐승 중에서 가장 간교한 뱀이 하나님이 정하신 금지사항을 가지고 아담을 유혹하기 시작한다. 뱀은 아담이 아닌 하와에게 엉뚱하게도 이렇게 묻는다: "하나님이 참으로 너희에게 동산 모든 나무의 열매를 먹지 말라 하시더냐?"(창 3:1) 선악을 알게 하는 나무의 열매를 먹지 말라는 하나님의 금지사항을 엄청나게 부풀려서 참으로 동산 '모든 나무의 열매를 먹지 말라'하시더냐? 고 묻는다. 하나님의 지나친 엄격함과 부당함을 은근히 부추기는 질문이다. 하와의 마음속에 하나님에 대한 불평과 의심을 불어넣으려는 의도가 분명하게 드러난 질문이다.

뱀이 하와에게 하나님의 금지규정을 뒤흔들어서 경계를 흐리게 하는 질문을 던지자 하와는 경계를 불분명하게 만들려는 뱀의 전략에 말려드는 답변을 한다. 하나님은 우리에게 모든 나무의 열매를 먹지 말라고 그렇게 엄격하게 금지하지는 않았다. 다만 동산 중앙에 있는 나무의 열매는 먹지도 말고 만지지도 말라고 하셨다. 하와는 하나님께서 말씀하지도 않은 '만지지도 말라'는 말을 덧붙이고 있다. 하나님의 금지규정에 대한 경계가 불분명하게 흐트러지고 있는 것이다. 거기에 더해서 하와는 결정적인 약점을 보인다. "너희는 먹지도 말고 만지지도 말라. 너희가 죽을까 하노라."(창 3:3) '반드시 죽으리라'라는 하나님의 엄격한 경고의 말씀을 '죽을까 하노라'는 애매모호한 규정으로 바꾸어서 대답한다. 하와의 답변은 하나님의 금지 규정이 무엇인지를 정확하게 알지 못한 것일 뿐만 아니라 그 금지 규정이 얼마나 중요한 것인지에 대한 심각성도 제대로 깨닫지 못하는 것임을 보여준다. 하와의 답변은 하나님의 엄중한 경고에 대한 치명적 약점을 드러낸 것이다.

 뱀은 하와의 약점을 발견하자 하나님의 금지 명령을 정면으로 반박하면서 대담하게 파고든다: "뱀이 여자에게 이르되 너희가 결코 죽지 아니하리라."(창 3:4) 거기에 한 술 더 떠서 하와에게 하나님의 처사가 부당한 것임을 강하게 심어준다: "너희가 그것을 먹는 날에는 너희 눈이 밝아져 하나님과 같이 되어 선악을 알 줄 하나님이 아심이니라."(창 3:5) 뱀은 하와의 마음에 하나님의 의도에 대한 의심과 불평이라는 강력한 바이러스를 감염시키고는 사라진다. 뱀이 감염시킨 의심과 불평의 바이러스는 하와의 마음에서 빠른 속도로 증식하게 된다.

 뱀이 하와에게 심어준 의심과 불평의 바이러스는 하와의

생각과 행동을 완전히 지배하는 증상으로 나타났다. 의심과 불평의 마음으로 하나님이 금지하신 선악과를 보니까 이렇게도 좋은 나무의 열매를 먹지 말라고 금지한 하나님의 부당한 처사를 도저히 이해할 수가 없었다: "여자가 그 나무를 본즉 먹음직도 하고 보암직도 하고 지혜롭게 할 만큼 탐스럽기도 한 나무인지라."(창 3:6) 하나님의 금지 규정이 자신들에게 너무나 부당한 처사라는 확신이 들자 하와는 그 열매를 따 먹고 남편인 아담에게도 주어서 아담도 하나님이 금지한 선악을 알게 하는 나무의 열매를 먹고 말았다. 이렇게 해서 창조의 대리자로 세움을 받은 아담과 하와는 하나님의 금지규정을 어기고 하나님의 명령에 불순종했다.

목적어가 주어의 자리를 탐하다

아담과 하와는 하나님의 금지 명령을 어기는 날에는 '반드시 죽으리라'는 강력한 형벌이 수반되는데도 불구하고 그 명령을 어겼다. 무엇이 그들로 하여금 죽음의 경고도 무시하고 하나님의 금지명령을 어기게 하였을까? 뱀이 하와의 마음에 심어준 죽음보다 더 강력한 유혹은 무엇이었을까? 우리가 성경에서 추론할 수 있는 이유는 단 한 가지 밖에 없다: "너희가 그것을 먹는 날에는 너희 눈이 밝아져 하나님과 같이 되어 선악을 알 줄 하나님이 아심이니라."(창 3:5) '하나님과 같이 된다'는 강력한 유혹이 하나님의 엄중한 경고도 무시하고 하나님의 명령에 불순종하게 만들었다. 하나님과 같이 되면 죽음에 대한 하나님의 경고도 충분히 극복할 수 있을 것이라고 생각했을 것이다. 거기에다 뱀으로부터 '결코 죽지 아니하리라'는 말도 들었으니 불순종 이후에 벌어질 일에 대한 나름대로 확실한 대비책이 세워졌다고 생각했을 것이다. 결과적으로 아담과 하와는 피조물의 자리를 넘어서 하나님과 같이 되는 창조자의 자리를 탐한 것이다. 목적어가 주어의 자리를 차지할 수 있다는 강력한 유혹 앞에서는 하나님의 어떤 금지규정도 문제가 되지 않았다. 그만큼 권력에로의 유혹은 강력한 것이다.

아담이 하나님의 금지규정을 어기고 선악을 알게 하는 나무의 열매를 먹는 순간 아담은 스스로 주어의 자리에 앉았다고 생각했다. 아담이 주어의 자리에 앉았기 때문에 아담은 하나님과의 관계를 급격하게 재조정할 수밖에 없다. 아담은 더 이상 목적어의 자리에 있지 않다. 하나님의 피조물의 자리에서 벗어났고 하나님의 대리자의 자리에서도 벗어났다. 이제는 스스로 하나님과 동등한 위치에서 자율권을 행사할 수 있는 주어의 자리를 차지했다. 아담이 주어의 자리를 차지했기 때문에 더 이상 하나님의 말씀이 아담의 행동을 규정하는 법이 될 수 없다. 자기의 계획과 생각이 자신의 행동을 규정하는 자율 autos + nomos = autonomous 이 아담의 행동 규범이 되었다. 아담이 하나님과 동등한 주어의 자리를 확보했기 때문에 이제부터는 하나님의 계시의 말씀에 귀를 기울일 필요가 없어졌다. 그 대신 자기 스스로 자기의 앞날을 개척해 나가야 하는 위치에 서게 되었다.

아담이 하나님의 말씀에 불순종하고 주어의 자리를 차지함으로 인해서 하나님의 창조세계 안에는 주어가 둘이 존재하게 되었다. 다른 말로 표현 하면 한 문장에 주어가 둘이 있는 격이 된 것이다. 한 문장에 주어가 둘이 있을 수는 없다. 아담은 하나님이 창조하신 세계 속에서 하나님과는 독립적으로 존재하는 주어의 자리를 스스로 확보해야 한다. 아담이 주어로서 자신의 자리를 확고하게 확보하기 위해서는 하나님이 창조하신 모든 영역에서 하나님과 경쟁해서 이겨야 한다. 그래야만 창조세계의 주어로서 자신의 지위를 확보하는 것이다. 이 말은 아담의 불순종은 하나님과 아담과의 관계를 창조의 주인과 대리자의 관계가 아니라 주인의 자리를 확보하기 위해서 치열하게 싸워야 하는 경쟁자의 관계로 변질시켜 버렸다는 것이다.

하나님과 경쟁관계에 돌입한 아담의 가장 근본적인 관심사는 그 이전과 달라질 수밖에 없다. 아담에게 있어서 하나님의 창조세계를 경작하고 관리하는 대리자로서의 사명은 더 이상 중요하지 않다. 그것보다 더 중요한 것은 하나님과 경쟁해서 자신의 안전을 확보하는 일이다. 그래서 선악을 알게 하는 나무의 열매를 먹은 이후의 아담의 행동은 전부 자신의 안전을 확보하는 일에 집중되어 있다. 자기의 안전을 지키기 위해서 무화과나무 잎을 엮어서 치마를 만들어 입었다. 그리고 하나님의 낯을 피하여 동산 나무 사이에 숨었다. 하나님과 경쟁관계이기 때문에 하나님께 쉽게 노출시키는 것은 자기의 안전에 심각한 위협이 아닐 수 없다. 그렇기 때문에 될 수만 있으면 하나님으로부터 멀리 피하여 도망하는 것이 일차적인 안전을 유지할 수 있는 방법이다. 아담이 하나님이 창조하신 에덴에서 하나님과 경쟁하여 자기의 안전을 확보하는 일이 가능하겠는가? 아담이 하나님과 경쟁하여 이길 수 있겠는가? 아담이 뱀의 유혹을 받아서 쿠데타를 일으키기는 했는데 과연 성공할 수 있을까?

아담의 불순종은 하나님께서 아담에게 경작하고 지키라고 위임한 창조세계 전체에 영향을 미치는 중대한 사건이다. 아담의 불순종은 창조세계의 아름다운 조화를 깨고 모든 영역에 의심과 불평의 바이러스를 감염시켜서 모든 관계를 자기 안전을 확보하기 위한 투쟁적 경쟁관계로 변질시켜 버렸다. 아담의 쿠데타로 말미암아 하나님이 창조하신 세계의 아름다운 조화는 깨어지고 말았다. '하나님이 지으신 그 모든 것을 보시니 보시기에 심히 좋았더라'(창 1:31)는 아름다운 조화의 상태를 아담이 깨어버린 것이다. 아담의 불순종은 개인의 영역에 국한된 불순종이 아니라 창조세계의 대표로서 창조세계 전체의 조화를 깨어버리는 심각한 후유증을 동반하는 행동이었다.

아담의 불순종은 뱀이 하와에게 감염시킨 의심과 불평의 바이러스에 감염되어 나타난 치명적인 증상이다. 아담과 하와가 불순종의 바이러스에 감염되었기 때문에 그들이 관리하고 접촉하는 모든 영역에서 하나님의 아름다운 창조질서를 심각하게 왜곡시키는 병리현상이 나타날 수밖에 없다. 이것이 아담의 불순종 이후에 창조세계의 모든 영역에서 타락으로 나타난 급격한 변화이다.

창조질서의 왜곡

뱀이 아담에게 감염시킨 의심과 불평의 바이러스는 아담이 하나님과 세상을 바라보는 관점을 왜곡시킬 뿐만 아니라 아담 자신의 존재 전체를 오염시켰다. 세상을 보고 듣고 생각하는 것과 느끼는 것과 행동하는 모든 영역을 오염시키고 왜곡시켰다. 인간의 마음이 불순종의 바이러스가 증식하는 진원지가 되었기 때문에 인간의 마음에서 나오는 모든 것은 세상을 더럽히는 오염원이 된 것이다. 예수님도 이 점을 분명하게 지적하셨다: "예수께서 이르시되 너희도 아직까지 깨달음이 없느냐? 17) 입으로 들어가는 모든 것은 배로 들어가서 뒤로 내버려지는 줄 알지 못하느냐? 18) 입에서 나오는 것들은 마음에서 나오나니 이것이야말로 사람을 더럽게 하느니라. 19) 마음에서 나오는 것은 악한 생각과 살인과 간음과 음란과 도둑질과 거짓 증언과 비방이니 20) 이런 것들이 사람을 더럽게 하는 것이요 씻지 않은 손으로 먹는 것은 사람을 더럽게 하지 못하느니라."(마 15:17-20) 뱀이 아담의 마음에 심어놓은 의심과 불순종의 왜곡된 관점이 창조세계의 대표자요 대리자인 아담의 생각과 행동을 주도하면서 창조세계의 전 영역을 왜곡시키고 타락시켰다.

　첫 번째로 하나님과의 관계를 왜곡시켰다. 하나님과 인간과의 관계에서 가장 두드러진 특징은 인간은 창조자 하나님과 구별되는 피조물이지만 하나님과 교제할 수 있는 하나님의 형상대로 만들어졌다는 것이다. 인간은 하나님과 교제할 수 있는 존재로 만들어졌기 때문에 모든 피조물 가운데서 하나님의 대리자적인 지위와 역할을 수행할 수 있는 사명을 받았다. 따라서 하나님의 대리자로서 본질적 역할을 수행함에 있어서 인간에게 요구되는 가장 중요한 조건은 하나님과 지속적으로 교제하는 것이다. 어떤 이유로든지 간에 인간이 하나님과의 교제권을 이탈하는 순간 인간은 하나님의 청지기로서의 사명을 수행할 수가 없다. 안타깝게도 아담의 불순종은 하나님과의 교제를 끊어버렸다.

  아담은 하나님과 지속적으로 교제할 수 있는 하나님의 형상대로 만들어졌기 때문에 하나님의 음성을 듣는 순간 본능적으로 하나님께로 가까이 가서 기쁨으로 하나님의 뜻을 실행해야 한다. 그런데 아담이 불순종한 다음에는 교제를 위해서 부르시는 하나님의 음성을 더 이상 기뻐하지도 않았고 들으려고도 하지 않았다. 오히려 하나님의 음성을 듣자 하나님의 낯을 피하여 동산 나무 사이에 숨었다. 아담이 스스로 밝힌 바에 의하면 하나님의 음성을 듣고 두려워하여 숨었다.(창 3:10) 아담의 불순종이 하나님과 인간과의 관계에 가져온 가장 심각한 병리현상은 하나님의 형상대로 만들어진 하나님의 대리자가 하나님을 두려워하게 되었다는 것이다. 이것은 앞에서 언급한 대로 아담이 하나님과 같이 되려고 하나님의 명령을 어기고 불순종하는 순간부터 하나님을 자기의 경쟁자로 보게 된 결과이다.

  창조시의 하나님과 아담과의 관계는 아름다운 협력자의 관계였다. 하나님께서 자기의 계획과 뜻을 아담에게 알려주면 아담은 기쁨으로 그 뜻을 수행하는 아름다운 협력자였다. 창세기

2장 19절에 나타난 아담이 동물의 이름을 짓는 장면에서 이런 아름다운 협력자의 모습이 잘 나타나 있다. 하나님과 아담 사이에 두려움이라는 것은 그림자도 찾아볼 수 없었다. 두려워할 이유도 없고 두려워할 필요도 전혀 없었다. 그런데 아담이 불순종한 다음에 가장 두드러지게 나타난 심각한 변화는 아담이 하나님을 두려워하기 시작했다는 것이다. 아담이 하나님을 두려워하는 순간 하나님과 아름다운 지속적인 교제는 불가능하다. 하나님과의 지속적인 교제가 이루어지지 않으면 아담은 창조의 대리자로서의 역할을 더 이상 수행할 수 없게 된다.

아담이 하나님의 충성스런 대리자의 위치에서 하나님의 경쟁자로 자신의 위치를 바꾸려고 시도한 결과로 아담은 에덴동산에서 쫓겨나게 된다.(창 3:24) 하나님이 창조하신 아름다운 동산 에덴을 경작하고 지키라는 사명을 부여 받은 아담이 에덴에서 쫓겨난 것은 아담이 창조 때에 가졌던 특별한 지위와 사명을 대부분 상실했다는 것을 의미한다. 하나님과 소통이 단절된 이후에 인간의 행동에서 두드러지게 나타나는 특징은 하나님께 대한 저항과 불순종이다. 창세기 4장 이후에 기록된 인간의 역사 특별히 노아 홍수 사건과 바벨탑 사건이 이런 특징을 잘 보여준다. 하나님과 경쟁적 관계에서 행하는 인간의 불순종으로 인하여 창조 세계 전반에 나타나는 왜곡과 타락은 상상을 초월하는 것이다.

두 번째로 아담의 불순종은 인간과 인간 사이의 관계를 왜곡시켰다. 하나님께서 인간을 만드실 때 공동체 안에서 서로 돕는 배필로 살아가도록 남자와 여자로 창조하셨다. 공동체 안에서 살아가도록 창조하셨기 때문에 땅을 경작하고 다스리라는 청지기적 사명도 아담 개인에게 주어진 것이 아니라 인간 공동체 전체에게 주어진 공동체적 사명이다. 그렇기 때문에 인간과 인간 사이의 관계에서 가장 중요한 덕목은 돕는 배필로 서로 돕고 협력하는 것이다. 하나님이 맡기신 청지기적 사명을 감당할 수 있는 건강한 사명 공동체를 세우는 것이 인간과의 관계에서 감당해야 할 가장 중요한 경작의 사명이다.

아담의 불순종은 하나님의 청지기적 사명 공동체인 인간관계에 파괴적인 변화를 몰고 왔다. 아담이 타락하기 이전의 인간관계는 하나님이 의도하신 창조적 공동체 안에서 서로 돕는 배필로서 완벽한 조화를 이루었다. 하나님께서 돕는 배필로 지으신 하와를 아담에게로 데리고 오니까 아담은 하와를 보고 이렇게 고백했다: "아담이 이르되 이는 내 뼈 중의 뼈요 살 중의 살이라. 이것을 남자에게서 취하였은 즉 여자라 부르리라 하니라."(창 2:23) 아담은 하와를 보는 순간 하나님의 창조 계획을 알 수 있을 정도로 완벽한 소통이 가능한 상태였으며 하와에게 여자라는 이름을 붙여줄 정도로 하나님께서 맡기신 청지기적 창조사역을 잘 수행했다. 뿐만 아니라 아담과 하와 사이에 어떤 의심이나 불평이나 심리적 거리감을 전혀 발견할 수 없었다. 이 둘은 합하여 한 몸을 이루는 완벽한 공동체였다.

아담의 불순종은 하와와 아름다운 협력과 완벽한 조화의 관계를 철저하게 왜곡시키고 타락시켰다. 하나님께서 아담에게 불순종의 책임을 추궁하니까 아담은 그 모든 책임을 하와에게 전가시켰다:

"아담이 이르되 하나님이 주셔서 나와 함께 있게 하신 여자 그가 그 나무 열매를 내게 주므로 내가 먹었나이다."(창 3:12) 만약에 하나님께서 아담의 변명을 받아들여서 불순종의 책임을 전적으로 하와에 돌린다면 아담과 하와 사이에 어떤 일이 벌어지겠는가? 아담은 불순종의 모든 책임과 죽음의 형벌에서 벗어날 수 있을 것이다. 그러나 하와는 모든 불순종의 책임을 지고 죽음이라는 형벌을 당해야 한다. 그렇게 되면 아담의 변명은 두 사람이 함께 행한 불순종으로 인해서 아담 자신은 살고 하와는 죽이겠다는 말밖에 되지 않는다. 아담과 하와의 관계가 완벽한 조화로 하나 된 공동체가 아니라 너 죽고 나 살자는 식의 투쟁적 경쟁관계로 변질되어 버렸다. 타락 이전의 인간관계가 아름다운 조화와 완벽한 협력을 통한 하나 된 공동체였다면 타락 이후의 인간관계는 투쟁적 경쟁관계로 변질된 것이다.

  인간관계가 투쟁적 경쟁관계로 변질되었다는 증거는 하나님께서 하와에게 형벌을 선고하는 과정에서 분명히 드러난다: "너는 남편을 원하고 남편은 너를 다스릴 것이니라."(창 3:16) 여기서 남편을 '원한다'는 말이 무엇을 의미하는지에 대해서는 여러 가지 해석이 가능하지만 여기에 사용된 단어는 나중에 하나님께서 가인에게 형벌을 선언할 때 사용된 단어와 같다는 사실에 주의할 필요가 있다: "죄가 너를 원하나 너는 죄를 다스릴지니라."(창 4:7) 성경 전체의 문맥에서 보면 죄와 인간과의 관계는 분명히 투쟁적 경쟁관계이다. 그렇다면 아담과 하와의 관계도 투쟁적 경쟁관계로 변질되었다는 것을 부정할 수 없다. 타락 이후에 인간 사이의 관계가 투쟁적 경쟁관계로 변질되었다는 또 다른 증거는 창세기 4장에 기록된 가인이 동생 아벨을 죽인 사건이다. 이와 같이 아담의 불순종은 하나님과의 관계를 투쟁적 경쟁관계로 변질시켰을 뿐만 아니라 인간과의 관계도 투쟁적 경쟁관계로 변질시켰다. 뱀이 아담의 마음에 심어놓은 의심과 불순종의 타락한 관점이 아담과 그의 후손들의 생각과 행동을 완전히 장악하고 통제하면서 모든 영역에서 하나님의 창조질서에 역행하는 행동을 하게 만들었다.

불순종의 세계관은 인간관계에 있어서 개인적인 영역만 타락시켰을 뿐만 아니라 창세기 11장에 기록된 바벨탑 사건에서 알 수 있듯이 공동체 전체를 이끌어가는 통치권도 심각하게 타락시켰다. 이런 특성은 예수님의 제자들 사이에서 벌어진 큰 자에 대한 논쟁에서 잘 드러난다. 제자들도 불순종의 세계관에 오염된 사람들이기 때문에 큰 자에 대한 왜곡된 생각을 가지고 있었다. 예수님은 제자들의 잘못을 책망하고 교정해 주시면서 이렇게 말씀하셨다: "예수께서 제자들을 불러다가 이르시되 이방인의 집권자들이 그들을 임의로 주관하고 그 고관들이 그들에게 권세를 부리는 줄을 너희가 알거니와 26) 너희 중에는 그렇지 않아야 하나니 너희 중에 누구든지 크고자 하는 자는 너희를 섬기는 자가 되고 27) 너희 중에 누구든지 으뜸이 되고자 하는 자는 너희의 종이 되어야 하리라. 28) 인자가 온 것은 섬김을 받으려 함이 아니라 도리어 섬기려 하고 자기 목숨을 많은 사람의 대속물로 주려 함이니라."(마 20:25-28) 예수님은 하나님의 창조 질서 안에서 작용하는 협력적 경작의 통치권과 타락한 질서 안에서 작용하는 투쟁적 경쟁의 통치권이 어떻게 다른지를 분명히 보여주고 있다.

　세계관이 바뀌면 그 사람의 사상과 행동 전체에 심각한 변화가 일어난다. 하나님께서 아담에게 심어준 세계관은 하나님과의 완벽한 신뢰와 교제 가운데서 작동되는 순종의 세계관이었다. 그런데 뱀이 아담에게 심어준 세계관은 의심과 불순종의 세계관이었다. 아담이 하나님께 불순종하고 타락한 것은 그의 세계관이 타락했기 때문이다. 세계관이 타락했기 때문에 아담이 생각하고 행동하고 다스리는 모든 영역이 타락하고 질서가 왜곡되는 것은 자연스런 결과이다. 타락과 왜곡의 나쁜 영향은 인간관계뿐만 아니라 아담의 영향이 미치는 모든 영역에 치명적인 결과를 초래했다.

세 번째로 아담의 불순종은 인간과 세상과의 관계를 왜곡시켰다. 자연환경을 포함한 하나님이 창조하신 모든 세계는 하나님의 것이며 선하고 아름다운 것이다. 하나님은 아름다운 창조세계를 인간에게 맡겨서 경작하고 관리하라는 사명을 주셨다. 자연에 대한 인간의 사명은 하나님께서 묻어두신 잠재력을 충분히 발휘할 수 있도록 경작하는 것이다. 모든 피조물들이 창조의 잠재력을 최대로 발휘하게 만들어서 이 세상을 하나님의 영광으로 충만하게 하는 것이 인간이 감당해야 할 사명의 목표이다. 하나님의 청지기로서 세상에 대한 인간의 사명은 이 땅을 하나님의 영광으로 충만하게 채워서 하나님을 기쁘시게 함과 동시에 자신도 하나님의 기쁨에 참여하여 함께 기뻐하고 즐거워하는 것이다.

　그러나 아담의 불순종은 인간과 세상과의 관계에도 치명적인 손상을 입히고 말았다. 창조의 대리자인 아담이 창조의 주인인 하나님께 불순종했듯이 경작의 대상인 자연 세계도 창조의 대리자인 인간에게 불순종하게 되었다. 쉽게 말하면 하나님께 불순종하는 인간의 하극상이 자연이 인간에게 불순종하는 하극상을 불러온 것이다. 아담이 땅을 갈고 경작하면 땅은 아름다운 열매를 내는 것이 창조질서의 정상적인 결과이다. 그런데 아담이 땅을 갈고 경작하지만 땅은 아름다운 열매를 내기를 거절한다. 오히려 인간이 원하지도 않고 기대하지도 않은 '가시덤불과 엉겅퀴'(창 3:18)를 내게 되었다. 인간에게 기쁨과 만족을 주는 결과가 아니라 고통과 슬픔과 좌절을 경험하게 만드는 것이다. 아담이 땅을 경작한 결과는 아담 자신도 기뻐할 수 없을 뿐만 아니라 창조자 하나님도 전혀 기뻐할 수 없는 것이었다. 하나님의 아름다운 창조세계가 하나님과 모든 피조물이 함께 기뻐하고 즐거워하는 상태가 아니라 모두가 슬퍼하고 탄식하는 상태가 되고 말았다.

아담의 불순종은 하나님과의 관계뿐만 아니라 인간과 자연과의 관계도 처절한 투쟁적 경쟁관계로 타락시키고 말았다: "아담에게 이르시되 네가 네 아내의 말을 듣고 내가 네게 먹지 말라 한 나무의 열매를 먹었은즉 땅은 너로 말미암아 저주를 받고 너는 네 평생에 수고하여야 그 소산을 먹으리라."(창 3:17) 타락 이전에는 아담이 먹을 양식을 위해서 수고하고 땀을 흘릴 이유가 없었다. 하나님께서 아담에게 동산의 각종 열매를 마음껏 먹을 수 있도록 풍성한 은혜를 주셨다. 그러나 아담이 하나님께 불순종함으로써 하나님의 풍족한 은혜는 사라지고 땅이 내는 열매를 먹고 생명을 유지하기 위해서는 땅과 처절한 투쟁을 벌여야 한다. 아담은 땅에서 양식을 얻어내기 위해서 얼굴에 땀을 흘리며 평생 수고하여야 하고 땅은 아담에게 좋은 양식을 주지 않으려고 끈질기게 저항한다. 그래서 마지못해 양식을 생산하기는 하지만 강력한 저항의 표시로 가시덤불과 엉겅퀴를 내어서 인간에게 고통과 좌절을 안겨 준다. 이 모든 현상은 인간과 자연과의 관계가 투쟁적 경쟁관계로 변질되었다는 것을 보여준다.

  아담이 타락한 이후에는 인간이 하는 모든 일에는 부작용이 따르게 되었다. 아담의 모든 생각과 행동이 불순종의 바이러스에 감염이 되었기 때문에 무슨 일을 하든지 아담이 의도한 완전한 결과는 나타나지 않는다. 아담이 창조의 대표로 불순종의 바이러스에 감염되었기 때문에 아담의 영향 아래 있는 모든 피조물도 아담에 의해서 불순종의 바이러스에 감염되었다. 아담의 불순종으로 하나님과의 관계가 왜곡되고 인간과의 관계가 왜곡되고 자연과의 관계가 왜곡되었다. 창조 공동체의 아름다운 조화와 협력이 철저한 분리와 투쟁적 경쟁으로 변질되었다.

인간의 타락을 간단히 정리하면 죄는 사탄이 아담에게 감염시킨 치명적인 불순종의 바이러스이다. 인간의 대표인 아담이 죄의 바이러스에 감염됨으로써 아담을 통해서 태어난 모든 인류는 태어나면서부터 죄의 바이러스에 감염되었다. 사탄이 감염시킨 죄악의 바이러스는 인간으로 하여금 하나님의 계획과 뜻에 지속적으로 불순종하게 만들 뿐만 아니라 인간 자신에게는 감당할 수 없는 고통과 죽음이라는 치명적인 결과를 안겨주었다. 인간 스스로는 죄의 결과로 나타난 여러 가지 고통과 죽음에서 벗어날 수 없다. 창조자 하나님의 은혜가 아니고서는 인간이 죄악으로부터 벗어나서 구원받는 것은 근본적으로 불가능하다.

죄악에 오염된 상태로 살아가는 인간 역사의 특징을 예수님은 알곡과 가라지 비유(마 13:36-43)를 들어서 설명하신다. 예수님이 재림하셔서 죄악을 심판하시고 역사를 완성하실 때까지는 곡식과 죄악의 가라지가 함께 자라는 것이 인간 역사의 실상이다.

제한적인 은혜

아담의 불순종은 하나님이 경고하신 대로 죽음의 선포로 결말이 났다. 하나님과 같이 되리라는 유혹자의 약속은 흔적도 없이 사라지고 아담은 죽음이라는 비극적인 결과만 받아 들게 될 것이다. 아담의 불순종으로 인한 분리의 결정판은 아담의 영혼과 육체의 분리이다.(창 3:19) 아담의 범죄에 대한 하나님의 최종적 선고는 아담의 영혼이 육체에서 분리되는 죽음의 선포로 끝을 맺는다.

하나님은 인간의 불순종이라는 범죄에도 불구하고 제한적인 은혜를 베푸신다. 아담에게 영과 육체의 분리를 선포한 후에도 일정 기간 형의 집행을 유예하셨다. 그 기간 동안에 하나님의 창조질서가 유지되도록 보존의 은총을 주신다. 아담은 죽음이 선포된 시한부 인생을 살고 그의 가정은 완벽한 조화가 깨어진 투쟁적 경쟁관계로 변질되었지만 그래도 그 가정을 통해서 생명이 탄생되고 이 땅에 인간이 번성케 되는 창조의 기본적인 질서는 폐기되지 않았다. 아담의 불순종에도 불구하고 창조질서의 기본 틀을 유지하는 것은 전적으로 하나님의 은혜에 의한 것이다. 하나님의 창조계획을 실패로 돌리려는 강력한 도전이 있지만 그 가운데서도 하나님은 창조질서를 유지시키는 보존의 은혜를 지속적으로 베푸시고 불순종으로 인한 죄가 창조질서를 파괴하지 못하도록 죄의 영향력을 일정 수준에서 억제시키신다.

하나님께서 창조질서를 보존하시고 죄의 영향력을 억제시키는 보존의 은혜를 신학적인 용어로 '일반은총'이라고 정의한다. 아담의 불순종과 타락 가운데서도 하나님은 창조질서를 유지시키시고 보존하시는 활동을 계속하신다. 하나님께서 죄악이 관영한 땅을 홍수로 심판하신 것과 바벨탑 사건에서 인간의 언어를 혼란하게 하신 것은 창조질서를 보존하기 위해서 죄의 영향력이 어느 선을 넘지 못하도록 억제하는 하나님의 섭리적 통치이다.

하나님이 베푸시는 보존의 은총에 의해서 창조질서의 외형적인 틀은 유지되고 있지만 내용적으로는 아담의 타락으로 인하여 창조의 전 영역이 불순종의 바이러스에 오염되었다. 불순종의 바이러스에 오염된 결과로 모든 영역에서 아름다운 조화는 깨어지고 모든 관계가 투쟁적 경쟁관계로 전락하고 말았다. 인간을 포함한 모든 피조물들이 하나님의 창조계획과 뜻을 이루는 방향으로 움직여야 하는데 죄의 바이러스에 오염된 후에는 모든 영역에서 하나님의 창조계획에 역행하는 불순종의 방향으로 움직이고 있다. 간단히 정리하면 창조의 기본 틀은 하나님의 보존의 은총에 의해서 유지되고 있지만 내부적으로는 창조 질서에 순종하는 방향에서 불순종하는 방향으로 타락했다.

아담의 불순종 이후에 타락한 창조 세계의 상태를 쉽게 설명하면 바이러스에 감염된 사람이 집중치료실에 격리되어 치료를 받고 있는 상황에 비유할 수 있다. 창조질서 전체가 불순종의 바이러스에 오염되어 있지만 하나님은 창조질서를 보존하기 위해서 집중치료실에 넣어서 바이러스가 더 확산되지 않도록 특별히 관리하고 있다.(롬 8:19-22) 모든 인간은 아담의 범죄로 인하여 죄의 바이러스에 오염되었기 때문에 하나님의 집중치료실에 격리되어 있는 상황이다. 인간 자신이 바이러스에 오염되어서 중병을 앓고 있기 때문에 창조세계를 경작하는 대리자로서의 사명을 제대로 수행할 수 없다. 죄에 오염된 인간은 하나님께서 맡기신 청지기적 사명을 제대로 감당할 수가 없다. 청지기적 사명을 감당하는 것은 고사하고 그가 활동하고 움직이는 것만큼 죄의 바이러스만 확산시킬 뿐이다.

죄에 오염된 인간이 창조 때에 하나님께서 맡기신 창조의 대리자로서의 청지기적 사명을 수행하기 위해서는 무엇보다도 죄의 바이러스에서 치료를 받아야 한다. 죄에 오염된 인간을 치료하는 것도 전적으로 하나님의 은혜로 되는 것이다. 인간에게는 스스로 자기의 죄를 치료하고 하나님과의 관계를 회복할 능력이 없다. 인간의 죄를 치료하고 관계를 회복시키는 하나님의 은혜를 신학적인 용어로 '특별은총'이라고 정의한다. 앞에서 설명한

'일반은총'은 창조질서를 보존하고 죄의 영향력을 억제시키는 '보존의 은총'이라고 정의한다면 '특별은총'은 인간을 죄의 오염에서 치료해서 인간의 사명을 회복시키고 나아가서 인간의 불순종으로 인하여 타락한 창조질서를 창조 때의 원래 상태로 회복시키는 것이다. 이런 의미에서 '특별은총'은 '구원의 은혜' 혹은 '회복의 은혜'라고 정의할 수 있다. 인간은 하나님이 베푸시는 구원의 은총을 통하여 타락 이전의 상태로 회복되기 전에는 창조의 대리자로서 청지기적 사명을 제대로 수행할 수 없다.

창조의 회복

창세기 1장 31절에서 보듯이 하나님은 자신이 창조하신 세상을 대단히 기뻐하셨다. 하나님은 자신이 창조하신 세상이 죄에 오염되어서 죽어가는 것을 방치하지 않는다. 죄의 영향력이 확대되지 못하도록 억제하시고 지키실 뿐만 아니라 죄로부터 완전한 치료와 회복을 계획하셨다. 하나님의 구원은 창조의 전 영역에서 죄로 오염된 모든 타락한 질서를 창조 때의 원래의 모습으로 바로잡고 회복하는 것이다. 하나님께서 천지를 창조하셨듯이 죄로 오염된 천지를 회복하는 것이 하나님의 구원계획이다. 아담의 타락이 창조의 모든 영역에 영향을 미쳤다면 하나님의 구원은 모든 영역에서 왜곡된 질서와 상태를 바로잡는 것이다. 이런 면에서 하나님의 구원은 회복을 의미하며 우주적 관점을 가지고 있다.

하나님께서 창조의 대리자로 세우신 아담이 범죄함으로 창조의 모든 영역이 타락하고 아담 자신도 창조의 대리자로서의 역할을 수행할 수 없게 되었기 때문에 하나님의 구원은 아담을 능가하는 새로운 대리자를 통해서 이루어진다. 하나님은 아담을 대신해서 타락한 세상을 구원하는 구원자로 자기의 독생자 예수 그리스도를 이 땅에 보내셨다: "한 사람이 순종하지 아니함으로 많은 사람이 죄인된 것같이 한 사람이 순종하심으로 많은 사람이 의인이 되리라."(롬 5:19) 예수 그리스도를 통한 구원은 타락한 인간의 영혼을 구원하는 차원을 넘어서 창조의 전 영역을 구원하는 것이다. 예수 그리스도를 통한 구원의 우주적 관점을 성경은 이렇게 말씀한다.

"하늘에 있는 것이나 땅에 있는 것이 다 그리스도 안에서 통일되게 하려 하심이라."(엡 1:10)

아담의 불순종으로 나타난 모든 창조질서의 왜곡과 타락을 예수 그리스도 안에서 회복하겠다는 것이다.

아담의 불순종으로 인하여 타락한 창조질서를 회복하는 하나님의 구체적인 방법은 예수 그리스도의 대속의 죽음이다: "그의 십자가의 피로 화평을 이루사 만물 곧 땅에 있는 것들이나 하늘에 있는 것들이 그로 말미암아 자기와 화목하게 되기를 기뻐하심이라."(골 1:20) 아담의 불순종은 죽음의 대가를 요구한다. 예수님께서 아담이 범한 죄의 형벌인 죽음의 대가를 십자가의 죽음을 통하여 지불하심으로써 죄의 속박에 매여 있는 모든 창조 질서를 회복시키고 자유케 하는 것이다. 예수 그리스도의 대속의 죽음은 죄 없으신 예수님께서 인류의 대표인 아담의 죗값을 대신

지불하기 위하여 십자가에서 피 흘려 죽으신 것이다. 창조의 대표인 아담의 불순종으로 모든 것이 타락했듯이 구원과 회복의 대표인 예수 그리스도의 십자가의 죽음이라는 최고의 순종을 통하여 모든 것을 회복시키는 것이 하나님이 계획하신 우주적 구원의 원리이다.

하나님의 구원은 타락의 원인을 제거하여서 타락의 모든 결과들을 바로잡는 것이다. 타락의 순서는 인간의 마음에 의심과 불순종의 바이러스가 들어옴으로 시작되었다. 그렇다면 하나님의 구원계획은 인간의 마음에서 불순종의 바이러스를 제거하는 것으로 시작하는 것이 자연스럽다.

 아담의 불순종은 두 가지 면에서 심각한 문제를 내포하고 있다. 하나는 하나님의 주권을 무시한 것이다. 피조물인 인간이 창조의 주인인 하나님의 명령을 거역하고 자기 마음대로 행동한 것이다. 하나님의 주권은 앞에서 언급한 아브라함 카이퍼의 설명에 의한 성경적 세계관의 첫 번째 원리이다. 다른 하나는 아담의 마음에 하나님께 대한 신뢰와 순종보다는 의심과 불순종이 들어갔다는 것이다. 즉 아담의 마음이 하나님을 신뢰하는 것에서 벗어나 의심하는 것으로 타락한 것이다. 카이퍼의 설명에 의하면 인간의 마음은 성경적 세계관의 두 번째 원리이다. 인간의 마음이 신뢰에서 의심으로 타락했기 때문에 하나님의 주권을 무시하는 불순종의 행동이 나온 것이다.

 예수 그리스도를 통한 구원의 첫 번째 단계는 인간의 마음에서 불신앙을 제거하여 하나님께 순종하게 하는 것이다. 이런 마음의 변화를 거듭남이라고 설명할 수 있다. 마음이 바뀌어야 행동이 바뀐다. 인간의 마음이 하나님께 대한 의심의 자세에서 전적인 신뢰의 자세로 바뀌어야 불순종의 행동이 순종의 행동으로 바뀌는 것이다. 이런 변화는 전적으로 하나님이 보내신 예수 그리스도를 통하여 이루어지는 하나님의 은혜의 사역이다. 예수 그리스도를 통해서 이루어지는 구원의 과정을 에베소서 1장 3절에서 14절 사이에 자세히 설명하고 있다. 그 말씀에서 '그리스도 안에서'라는 말을 무려 11번이나 사용하고 있다. 그리스도 안에서 하늘에 속한 신령한 복을 주시려고 우리를 선택하셨고 그리스도 안에서 예수 그리스도의 피로 말미암아 죄 사함을 받았으며 그리스도 안에서 하나님의 계시의 말씀을 깨달아서 우리의 마음과 생각을 거듭나게 했으며 그리스도 안에서 만물을 통일되게 하시며 그리스도 안에서 창조 때에 하나님께서 계획하신 대로 우리가 하나님의 영광과 찬송이 되게 하셨다고 말씀한다. 그리스도 안에서 구원의 복음을 듣고 성령으로 인치심을 받았다고 선포한다. 에베소서의 말씀에 의하면 우리의 구원은 전적으로 성부 성자 성령의 삼위 하나님의 사역이다. 예수 그리스도 안에서 우리의 마음이 거듭나야 우리의 행동이 하나님께 불순종하던 방향에서 순종하는 방향으로 돌아서게 된다.

'거듭남'은 인간의 의식이 하나님께 불순종하는 것에서 순종하는 것으로 변화되는 것이다. 이런 의식의 변화를 카이퍼는 '거듭남 운동' Palingenesis Movement 이라고 정의하면서 이 변화는 인간의 의식에만 국한된 것이 아니라 창조세계 전 영역으로 확산되어야 한다고 주장한다. 거듭남 운동이 진행되는 역사적 과정에서 거듭난 자의 의식과 거듭나지 않은 자의 의식이 정반대 방향에서 충돌하게 된다. 다른 말로 표현하면 인간의 역사 속에는 하나님께 순종하는 사람들과 불순종하는 사람들 사이에 서로 충돌하는 대립 antithesis 이 있을 수밖에 없다. 이런 면에서 믿음은 세계관의 전쟁이라고 정의할 수 있다. 아담의 불순종은 예수님의 죽음을 통해서만 회복되고 치료될 수 있는 그야말로 죽느냐 사느냐의 문제가 달린 치열한 영적 전쟁을 불러 왔다. 세계관의 전쟁은 하나님의 주권에 순종하느냐 하나님의 주권을 무시하고 내 마음대로 행동하느냐의 전쟁이다.

예수 그리스도를 통하여 마음이 거듭난 사람은 하나님의 창조 질서에 역행하고 불순종하는 죄악의 바이러스에서 완전히 치료 받은 사람이다. 불순종의 바이러스에서 완치된 사람은 집중치료실에서 나와서 원래 자기에게 주어진 창조의 대리자로서 청지기적 사명을 수행할 수 있는 상태로 회복된 것이다. 이렇게 해서 예수 그리스도를 통하여 구원 받은 사람들에게는 타락한 세상을 회복시키는 재창조의 대리자로서의 역할과 사명이 주어진다. 아담의 타락으로 잃어버렸던 청지기적 사명을 예수 그리스도의 순종을 통하여 예수 그리스도 안에서 새롭게 회복한 것이다.

예수 그리스도 안에서 새롭게 회복된 구원의 대리자로서 성도의 역할과 사명을 성경은 이렇게 설명한다: "그런즉 누구든지 그리스도 안에 있으면 새로운 피조물이라. 이전 것은 지나갔으니 보라 새 것이 되었도다. 18) 모든 것이 하나님께로서 났으며 그가 그리스도로 말미암아 우리를 자기와 화목하게 하시고 또 우리에게 화목하게 하는 직분을 주셨으니 19) 곧 하나님께서 그리스도 안에 계시사 세상을 자기와 화목하게 하시며 그들의 죄를 그들에게 돌리지 아니하시고 화목하게 하는 말씀을 우리에게 부탁하셨느니라."(고후 5:17-19) 아담의 불순종으로 인하여 투쟁적 경쟁관계로 왜곡되고 타락한 모든 관계를 그리스도 안에서 아름다운 협력과 조화의 관계로 회복시킬 뿐만 아니라 거듭난 자들에게 화목하게 하는 직책을 주셨으며 그 직책을 수행할 수 있는 구체적인 도구로 하나님의 말씀을 주셨다.

예수 그리스도 안에서 하나님과의 관계를 포함한 모든 깨어진 관계가 회복되었다. 예수 그리스도 안에서 인간에게 주어진 창조의 대리자로서의 지위와 청지기적 사명이 회복되었다. 예수 그리스도 안에서 하나님과 교제할 수 있는 계시의 말씀이 회복되었다. 예수 그리스도 안에서 구원받은 성도들은 세상을 회복시키는 재창조의 대리자로 부름을 받았다. 구원받은 성도들에게 새롭게 주어진 청지기적 사명은 타락한 창조세계의 모든 영역을 예수 그리스도의 이름으로 창조시의 아름다운 상태로 새롭게 회복하는 것이다.

**되새김질을
위한 질문**

1. 하나님께서 6일 간의 창조를 마치시고 '보시기에 심히 좋았더라'고 평가하셨는데 그 평가가 포함하고 있는 두 가지 의미는 무엇이라고 생각하십니까?

2. 말씀으로 천지를 부르시고 구원하시는 하나님의 주권적 부르심이 함축하고 있는 피조물들의 존재 원리는 무엇이라고 생각하십니까?

3. 아담이 하나님의 대리자로서 위임 받은 창조행위는 무엇이라고 생각하십니까?

4. 하나님께서 아담에게 사명을 맡기실 때 허용하신 것과 금지하신 것은 무엇이며 하나님의 허용과 금지는 아담의 행동에 어떤 영향을 미친다고 생각하십니까?

5. 하와는 뱀의 유혹을 받고 하나님의 금지규정을 어겼습니다. 뱀이 하와의 마음에 심어준 죽음보다 더 강력한 유혹은 무엇이라고 생각하십니까?

6. 아담의 불순종은 하나님과의 관계를 어떻게 변질시켰습니까?

7. 아담의 불순종은 인간 사이의 관계와 인간과 자연과의 관계를 어떻게 타락시켰습니까?

8. 죄로 오염된 인간의 역사를 예수님은 어떻게 설명하십니까?

9. 하나님의 '일반은총'은 타락한 인간 역사에서 어떤 기능을 한다고 생각하십니까?

10. 아담의 타락은 두 가지 면에서 심각한 문제를 일으켰습니다. 예수 그리스도는 아담이 저질러 놓은 문제를 어떻게 해결하고 회복시키시는지 간단하게 정리해 봅시다.

청 지 기
영성훈련
특   강

Chapter Six

6
포스트모던 세계관의 도전

포스트모더니즘의 사회적 특징: 소비자 중심적 쾌락주의

세계관의 변화: 인간을 실체의 창조자로 격상시킴

창조적 자아의 죽음: 포스트모던 세계관의 모순적 결과

계시에 근거한 유추적 해석

포스트모더니즘의 도전

포스트모던 세계관의
도전

6

앞에서 살펴본 대로 기독교 세계관은 반기독교적인 현대주의 Modernism 의 도전에 응전하는 형식으로 제임스 오어 James Orr 와 아브라함 카이퍼 Abraham Kuyper 에 의해서 체계화되었다. 오어(1844-1913)가 활동하던 시대는 서구 사회가 사상적으로 급격한 변화를 겪고 있던 시기였다. 사회적으로 본다면 기독교가 지배하던 시대는 지나고 기독교 후기시대로 접어든 시기였다. 오어는 반기독교적 세계관으로 무장한 모더니즘의 도전에 직면한 상황에서 기독교의 믿음을 방어하고 설명해야 하는 부담을 안게 되었다. 이런 상황에서 오어가 선택한 전략이 기독교 세계관 즉 기독교의 신앙을 하나의 총체적인 세계관으로 설명하는 것이었다. 오어는 기독교 신앙은 모든 사물에 관한 가장 고상한 원리와 인생관을 발전시킬 수 있는 관점을 제공한다고 주장한다. 그의 목표는 기독교 세계관을 통하여 하나님과 세상에 대한 기독교적 관점을 체계적인 방법으로 설명하고 해석하는 것이었다.

반기독교적인 현대주의 세계관의 도전에 대한 오어의 기독교 세계관적 응전은 조금 뒤에 아브라함 카이퍼(1837-1920)의 메아리로 더 크게 울려 퍼지게 되었다. 카이퍼의 분석에 의하면 두 개의 삶의 체계가 죽기 살기로 싸움을 벌이고 있는데 하나는 반기독교적 세계관으로 무장한 모더니즘이고 다른 하나는 기독교 세계관이다. 카이퍼는 반기독교적 세계관으로 무장한 모더니즘의 총체적 도전에 대하여 복음을 방어하고 변증하는 변증학적 전략도 세부적이고 파편적인 접근에서 벗어나서 총체적인 기독교 세계관으로 응전해야 한다고 주장한다. 카이퍼가 생각하는 기독교 세계관은 학문과 예술을 포함하는 삶의 전 영역을 포함한다. 반기독교적인 모더니즘의 도전에 대해서 원리는 원리로 대항하고 세계관은 세계관으로 대항해야 한다는 것이다. 카이퍼의 논지는 세계관으로 무장한 모더니즘에 복음으로 맞서기 위해서는 동일하게 삶의 전 영역을 아우르는 삶의 체계 즉 기독교 세계관으로 대항해야 한다는 것이다. 오어와 카이퍼의 차이점이 있다면 반기독교적인 모더니즘에 대항하는 기독교 세계관으로 오어는 기독교 세계관의 장점을 강조하는 반면에 카이퍼는 칼빈주의적 세계관에 기초를 두고 있다.

  기독교 세계관을 체계화시킨 오어와 카이퍼의 목적은 인간 중심적인 세속적 세계관의 도전에 대해서 하나님 중심적인 세계관으로 세상과 인생을 해석하는 것이었다. 오어와 카이퍼가 심각하게 받아들였던 세계관의 전쟁은 아직 끝나지 않았다. 오히려 세계관의 전쟁은 더 심화되고 더 치열하게 전개되고 있다. 우리가 직면하고 있는 세계관적 도전은 모더니즘이라는 세속적 세계관이 약간 변종되어 나타난 포스트모더니즘(Postmodernism; 후현대주의)의 도전에 직면해 있다.

모더니즘과 포스트모더니즘은 카이퍼가 지적한 대로 하나님의 주권이 아니라 인간의 주권에 기초한 반기독교적 세계관이라는 면에서는 같은 뿌리를 가지고 있다. 그러나 이 둘 사이에 차이점이 있다면 모더니즘은 인간의 이성 reason 을 통하여 습득할 수 있는 객관적인 지식과 사실에 기초한 세계관이었다면 포스트모더니즘은 인간의 감성 feeling 에 기초한 주관적인 느낌에 기초한 세계관이다. 모더니즘에서 포스트모더니즘으로의 변이는 인간중심적 세계관이 이성에 기초한 것에서 감성에 기초한 것으로 바뀐 것에 불과하다. **이런 변화를 밴틸 Van Til 은 이성주의 rationalism 에서 비이성주의 irrationalism 로 바꾼 것이라고 설명한다.** 간단히 정리하면 모더니즘이 인간의 이성에 기초한 인간중심적 세계관이라면 포스트모더니즘은 감성에 기초한 인간중심적 세계관이다.

객관적인 사실에 근거한 모더니즘과는 달리 포스트모더니즘과의 전쟁은 인간의 감성에 근거한 주관적인 감정이나 느낌과의 전쟁이기 때문에 대상이 분명하지 않다. 예를 들어 설명하자면 모더니즘과의 전쟁은 적군이 분명한 전면전의 성격을 띤 전쟁이었다면 포스트모더니즘과의 전쟁은 아군과 적군을 쉽게 식별할 수 없는 테러리스트들과의 전쟁이라고 말할 수 있다. 이 말의 의미는 우리가 직면한 포스트모더니즘과의 세계관적 전쟁은 그만큼 복잡하고 힘들다는 것이다. 일관성이 없이 수시로 변하는 감성과의 영적 전쟁은 대상이 분명하게 드러나지 않기 때문에 치고 빠지는 테러리스트들과의 전쟁처럼 쉽지 않은 전쟁이다.

포스트모더니즘의 사회적 특징: 소비자 중심적 쾌락주의

카이퍼가 지적한 대로 모더니즘의 사회적 특징은 "하나님도 없고 주인도 없다" No God No Master 는 프랑스 혁명의 원리로 잘 표현되었듯이 포스트모더니즘도 이 시대의 사회적 문화적 현상을 이끌어가는 세계관적 원리를 가지고 있다.

존재론적인 면에서는 '절대자는 존재하지 않는다'고 주장한다. 고정된 객관적인 실체나 객관적인 질서는 존재하지 않는다. 주관적인 자아가 언어를 통하여 실체를 창조한다고 주장한다. 이렇게 되면 하나님의 존재에 대해서도 전혀 다른 개념을 가지게 된다. 하나님이라는 절대자는 존재하지 않으며 신이라는 개념이 있다 하더라도 그것은 객관적이고 초월적인 존재로서의 신이 아니라 주관적 자아가 해석하고 의미를 부여하여 만든 주관적인 신으로서 존재하는 것이다. 그래서 '나는 나의 하나님을 믿고 너는 너의 하나님을 믿는다'는 극도로 파편화된 주관적 종교다원주의가 가능하게 되는 것이다.

인식론적인 면에서는 '절대 진리는 없다'라고 주장한다. 역사와 상황을 초월하여 적용되는 절대 진리가 존재하지 않기 때문에 진리의 기준과 내용은 상황에 따라 수시로 변한다. 이렇게 되면

모든 진리는 상대적이며 개인적이다. 진리는 상황에 따라 개인에
따라 달라질 수밖에 없다. 주관적인 자아가 실체의 창조자이듯이
주관적인 자아가 진리의 창조자가 된다. 그래서 '나는 나의 진리를
너는 너의 진리를 가진다'는 진리 상대주의에 빠지게 된다.

    윤리적인 면에서는 '주관적인 감성이 가치판단의 기준이다'라고
주장한다. 모더니즘은 옳고 그름에 대한 가치판단에 있어서
객관적인 지성을 가치판단의 기준으로 삼았지만 포스트모더니즘은
주관적인 감성을 가치판단의 기준으로 삼는다. 이런 세계관적인
원리에 기초하여 나타난 사회적 특징은 '지금 이 순간 나를 즐겁게
하라'는 소비자 중심적 쾌락주의로 요약될 수 있다.

소비를 통한 쾌락 추구

소비자 중심적 쾌락주의는 소비를 통한 개인적인 즐거움이 인생을
이끌어가는 원동력이라고 생각하는 인생관이다. 나를 기분 좋게
하고 즐겁게 하는 것이라면 그것이 옳은 것이고 선한 것이다.
이런 면에서 본다면 쾌락주의는 일종의 세계관이다. 쾌락주의를
크게 두 종류로 구분할 수 있다. 하나는 쾌락만이 본질적으로
선하다고 주장하는 윤리적 쾌락주의이다. 다른 하나는 무엇을
하든 궁극적으로 자기 쾌락을 추구한다는 심리적 쾌락주의이다.
쾌락주의는 현재 우리들의 삶 속에서 여러 가지 다양한 형태로
나타난다. 고전적인 형태의 쾌락주의의 한 형태는 휴 헤프너
(Hugh Hefner; 1926-)가 1953년 시카고에서 창간한 〈플레이보이

Playboy〉라는 잡지가 추구하는 철학이다. 플레이보이 잡지가 추구하는 쾌락주의는 성적인 쾌락을 통하여 인생의 행복을 추구하는 것이다. 포스트모더니즘은 플레이보이 철학이 추구하는 것보다 한 걸음 더 나아가서 훨씬 더 광범위한 영역에서 쾌락을 추구한다. 소비자 중심적 쾌락주의에 의하면 이 세상에 존재하는 모든 사물은 소비의 대상이다. 소비를 통하여 경험하게 되는 감각적 쾌락을 누리는 것이 인생이 추구하는 최고의 행복이라고 생각하기 때문에 이것은 의식주에서부터 문화적인 영역까지 인생의 모든 영역을 포괄하는 쾌락주의이다.

쾌락주의뿐만 아니라 거의 대부분의 철학적 체계가 인간의 행복을 최고의 선으로 생각한다. 쾌락(혹은 행복)을 추구하는 것은 인간의 본성이다. 문제는 그것을 추구하는 방법이 무엇이냐는 것이다. 쾌락(혹은 행복)은 모든 가치체계가 공통적으로 추구하는 목표이지만 쾌락을 추구하는 구체적인 방법에 있어서는 가치체계에 따라서 그 성격이 완전히 달라진다. 대부분의 철학적 체계가 행복을 최고의 선으로 추구하지만 우리가 흔히 쾌락주의 hedonism 라고 이름을 붙이는 가치체계는 인간의 행복은 감각적인 쾌락을 통해서 성취된다고 주장하는 가치체계를 의미한다. 이런 이유로 인해서 쾌락주의는 성적인 만족과 소비를 통한 감각적 쾌락을 추구하는 생활양식으로 나타난다. 소비자 중심적 쾌락주의는 모든 형태의 소비를 통해서 감각적인 쾌락을 추구하는 생활양식이다. 이것이 추구하는 소비의 대상에는 성적 sexual 인 행위는 물론이거니와 여가를 통한 오락 leisure 을 추구하는 것과 음식을 통한 기쁨을 추구하는 것과 같은 모든 형태의 소비행위가 다 포함된다.

참고로 덧붙인다면 개혁주의 신학도 인간의 행복을 최고의 선으로 생각하고 추구한다는 점에 있어서는 다른 철학적 체계들과 다르지 않다. 개혁주의 신학에 기초하여 기독교 세계관적 변증학의 원리를 체계화시킨 밴틸 Van Til 도 그의 저서 〈기독교 윤리학〉이라는 책에서 행복 happiness 이 인간이 추구하는 최고의 선 summum bonum 이라고 정의하고 있다. 하지만 개혁주의 신학이 추구하는 인간의 행복은 감각적이고 외형적인 경험에 국한되는 것이 아니라 창조자 하나님과의 바른 관계를 통해서 피조물이 경험하는 총체적인 행복이다. 진정한 행복은 성경이 말하는 '보시기에 심히 좋았다'라고 선언할 수 있는 상태에서 모든 피조물들이 경험하고 누리는 것이라고 말한다.

이에 반해서 감각적이고 외형적인 자극과 경험을 중시하는 소비자 중심적 쾌락주의의 가장 두드러진 특징은 소비가 그들의 쾌락을 결정하는 가장 중요한 행위라고 생각한다. 포스트모더니즘의 관점에서 본다면 모든 사물들이 의미를 전달함에 있어서 해석을 필요로 하는 본문 text 이듯이 모든 사물이 소비의 대상이다. 전통적인 관점에서 본다면 의미를 전달하는 기호로는 언어가 사용되었다. 언어로 표현된 문장이나 설명을 읽고 그 의미를 이해하고 해석했다. 그러나 포스트모더니즘은 언어적 기호를 넘어서 모든 사물이나 행동도 그 속에 의미를 담고 있기 때문에 모든 사물이나 행동도 그것이 내포하고 있는 의미를 파악하기 위해서 읽어야 할 본문(혹은 대상)이라고 주장한다.

소비의 대상

'모든 것이 의미를 전달하는 본문이다'라는 표어를 소비 행위에 적용하면 '모든 것이 소비의 대상이다'라는 말이 된다. 이런 관점에서 본다면 소비의 대상에서 제외되는 사물이나 개념은 아무것도 없다. 그들에게는 하나님도 소비의 대상이며 교회도 몸도 소비의 대상이다. 하나님이라는 신의 존재를 인정한다고 하더라도 그 하나님은 감각적이고 외형적인 경험을 통하여 쾌락을 추구하는 소비의 대상으로 존재하는 것이다. 그래서 포스트모던 세대들 가운데서 '교회 쇼핑' Church shopping 이라는 말이 통용되는 것이다.

 감각적이고 외형적인 경험을 중시하는 소비자 중심적 쾌락주의에서 가장 중요한 소비 품목은 인간의 몸이다. 소비자 중심적 쾌락주의의 관점에서 보면 인간의 몸은 이중적인 성격을 가지고 있다. 몸은 한 편으로는 가장 중요한 소비의 대상이며 다른 한편으로는 소비를 통한 모든 형태의 쾌락을 느끼고 경험하는 수납자 역할을 한다. 몸은 소비의 대상임과 동시에 소비를 통한 쾌락을 누리는 주체이다.

 대중적인 문화 현상을 보면 몸이 가장 중요한 소비품목이 되었다는 것을 부정할 수 없다. 인간의 몸을 통하여 쾌락을 추구하는 가장 큰 소비 산업이 성적인 사업 sexual business 이다. 직접적으로 성을 사고파는 것은 접어두고서라도 모든 문화적인 형태에 있어서 성적인 암시 sexual implication 가 가미되지 않는 대중문화는 생각조차 할 수 없는 것이 현재의 문화적 현상이다. 영화나 드라마에서 성적인 복선이나 암시가 들어가지 않은 것이 얼마나 되겠는가? 그리고 음악 music video 이나 심지어는 코미디 프로나 상품 광고에까지 성적인 암시가 가미되지 않는 것이 거의 없다. 자동차 광고 영상 프로그램을 본적이 있다면 그 영상을 머릿속에 다시 한 번 돌려 보라. 대부분의 광고 영상이 먼저 성적인 암시를 통해서 사람들의 관심을 끌어 모으고 마지막에 가서 자동차를 슬쩍 소개하는 그런 형태가 아닌가? 이런 현상은 거의 대부분의 상품 광고에 보편화된 현상이다.

몸을 소비의 대상으로 생각하는 소비 행위는 성적인 산업 이외에도 성적인 것에서 파생된 여러 가지 형태의 소비 패턴이 있다. 날씬한 몸매를 가꾸기 위한 헬스클럽 fitness club 과 성형수술도 모두가 몸을 소비의 대상으로 생각하는 소비 형태의 일종이다. 몸이 중심이 되는 소비문화를 주도하는 핵심적인 원리는 자신의 매력이나 가치를 증진시킴으로 자아 성취나 자기만족을 추구하는 것이다. 여기서 자신의 매력이나 가치의 증진은 대부분 자신의 성적인 매력을 증진시키는 것을 의미한다. 자기만족이라는 것은 감각적이고 외형적인 경험을 통해서 쾌락을 누리는 것이다.

대중적 자아상

감각적 쾌락을 추구하는 문화적인 환경에서 대부분의 사람들은 젊음과 날씬한 몸매로 상징되는 성적인 매력이 최고의 가치로 평가받는 대중적 자아상을 추구한다. 이런 자아상이 추구하는 목표를 달성하기에 적합한 몸매를 가꾸기 위해서 엄청난 에너지와 시간과

돈을 투자한다. 먹는 것에서부터 운동과 미용과 유행에 민감한 패션에 이르기까지 몸을 대상으로 하는 소비산업은 날마다 번창하고 있다. 그 이유는 젊음과 성적 매력을 증대시키는 것이 자신의 가치를 높이는 것이라고 생각하기 때문이다.

    소비를 통해서 자아를 실현하기 위해서는 두 가지 중요한 전제 조건이 있다. 하나는 부자가 되는 것이다. 다른 하나는 예쁘고 날씬한 몸매를 가지는 것이다. 전자는 자기의 소비능력을 키우는 것이고 후자는 자신을 매력적인 소비의 대상으로 만들어서 자기의 가치를 높이는 것이다. 이렇게 해서 눈에 보이는 자아상이 만들어지는 것이다. 소비자 중심적 자아상을 추구하는 문화적 환경에서는 상품을 구매하는 구매력을 통하여 자신의 존재 가치를 확인하고 소비를 통한 즐거움을 통하여 자기만족이라는 자아실현이 이루어진다고 생각한다. 그래서 '나는 소비한다. 고로 존재한다'라는 결론에 도달하게 된다.

    몸은 가장 중요한 소비의 대상임과 동시에 소비를 통한 쾌락을 느끼고 경험하는 수납자이기 때문에 몸을 통하여 느끼는 감정 feelings 이 소비행위의 옳고 그름을 평가하는 기준이 된다. 모든 소비행위는 자신의 감정을 즐겁고 유쾌하게 만들어야 원래 의도한 목표를 달성한다. 왜냐하면 감각적 경험을 통하여 느끼는 자신의 감정을 유쾌하게 만드는 것이 이 땅에서 육체를 가지고 살아가는 인간이 추구하는 최고의 목적이자 최고의 선이라고 생각하기 때문이다. 다시 말해 행동의 옳고 그름을 평가하는 가치평가의 기준은 객관적이고 지성적인 도덕규범이 아니라 주관적이고 즉각적인 감정이다.

　포스트모던 사회의 특징은 소비를 통하여 감각적이고 외형적인 즐거움을 추구하는 소비자 중심적 쾌락주의가 지배하는 사회라고 정리할 수 있다. 이런 사회에서 행동의 옳고 그름을 판단하는 기준은 자신이 느끼는 유쾌한 감정이다. 자기의 감정을 즐겁고 편안하게 하는 것은 선한 것이며 그렇지 않은 것은 악한 것이다. 이런 소비자 중심적 쾌락주의에서는 모든 것이 소비의 대상이다. 자기의 몸이 가장 중요한 소비의 대상이며 몸에서 파생되는 여러 가지 종류의 소비 형태가 소비 산업의 중요한 영역으로 번창하고 있다. 신의 존재와 같은 추상적인 개념도 소비의 대상에서 제외되지 않는다. 신의 존재도 그들이 중요시하는 감각적이고 외형적인 경험의 형태로 느끼고 즐길 수 있는 범위 안에서 중요한 의미를 가진다. 그래서 소비자 중심적 쾌락주의를 이끌어가는 실천적 표어는 '지금 이 순간 나를 즐겁게 하라'는 것이다. 이런 삶의 원리에서는 즉각적인 쾌락을 경험하는 자아의 주관적인 감정이 모든 행동의 가치를 판단하는 도덕적 절대기준이 되는 것이다.

세계관의 변화: 인간을 실체의 창조자로 격상시킴

행동의 변화는 그 이전에 세계관의 변화라는 과정을 반드시 거치게 된다. 어떤 행동이라도 세계관의 진공상태에서 일어나는 경우는 없다. 개인적인 행동이든지 집단적으로 나타나는 행동이든지 모든 행동은 내면적인 세계관을 외부적으로 표현한 것이다. 그렇기 때문에 어떤 사회에서 집단적으로 급격한 행동의 변화나 삶의 양식에 변화가 일어났다면 거기에는 반드시 세계관이 바뀌는 과정이 있었다는 것이다. 앞에서 예를 든 것처럼 할아버지와 손자가 가을에 산길을 산책하다가 도토리를 발견했다. 포스트모더니즘의 관점에서 보면 도토리라는 사물이 의미를 전달하는 본문으로 할아버지와 손자의 눈앞에 나타난 것이다. 도토리라는 본문을 읽은 할아버지는 묵이라는 의미를 떠올리게 된다. 반면에 손자는 그 본문에서 다람쥐라는 의미를 떠올리게 된다. 같은 사물이 같은 시간에 같은 장소에서 주어졌지만 그것을 본문으로 읽고 해석한 의미는 할아버지와 손자 사이에 완전히 다르게 나타난다. 왜 이런 현상이 나타나겠는가? 한 두 세대가 흐르는 사이에 사람들이 태어나고 성장하는 사회화 과정을 통하여 집단적으로 세계관의 변화를 경험하였기 때문이다.

 먹을 것이 귀한 시절에 성장한 세대는 도토리를 보는 순간 묵을 생각하는 것은 너무나 자연스러운 현상이다. 왜냐하면 도토리로 묵을 만들어 먹는 환경에서 그것을 직접 보고 듣고 경험하면서 성장했기 때문이다. 그러나 세월이 흘러서 먹을 것이 풍족한 도시에서 성장한 세대들에게는 도토리묵은 쉽게 접할 수 없는 생소한 경험이 될 수밖에 없다. 그들이 보고 듣고 배운 것은 도토리는 겨울철에 다람쥐의 중요한 양식이라는 것이다. 그렇기 때문에 그들은 도토리를 보는 순간 다람쥐를 떠올리는 것이다.

 이와 마찬가지로 포스트모던 사회에서 소비자 중심적 쾌락주의가 사회적 특징으로 등장하기까지는 그것을 가능하게 하는 세계관의 변화가 있었다는 것이다. 이런 면에서 특정한 사회적 현상을 바로 이해하고 해석하기 위해서는 그런 현상의 기초가 되는 세계관을 분석하는 단계까지 들어가야 한다. 문화에 대한 심층 분석은 곧 특정한 문화현상을 가능하게 하는 세계관에 대한 분석이어야 한다.

실체의 창조자

소비자 중심적 쾌락주의를 가능하게 하는 포스트모던 세계관의 전제는 객관적이고 고정된 존재나 질서는 존재하지 않는다는 것이다. 모든 사물은 상황에 따라서 매우 유동적일 뿐만 아니라 의미를 전달하는 본문이라고 주장한다. 그 사물이 전하는 의미를 파악하기 위해서는 그것을 보고 관찰하는 사람들의 해석이 필요하다. 예를 들어 설명하자면 도토리는 객관적이고 고정된 의미를 지닌 사물이 아니라 해석자에 따라서 의미가 달라지는 사물이다. 때로는 묵이라는 의미를 전달하는 사물이 될 수도 있고 때로는 다람쥐라는 의미를 전달하는 사물이 될 수도 있다. 이런 의미에서 개인의 삶을 초월한 객관적인 존재는 있을 수 없다고 주장한다. 개인의 주관적인 경험을 초월한 객관적인 실체는 존재하지 않기 때문에 사물을 관찰하는 자아는 객관적인 사물을 이해하고 해석하는 단계를 넘어서 자신이 실체를 재구성하고 더 나아가서 실체를 새롭게 창조하는 창조자가 된다.

존재론에 있어서 포스트모더니즘이 주장하는 '객관적이고

고정된 사물이나 질서는 존재하지 않는다'는 전제는 인간 자신이 모든 실체의 창조자라는 근본적인 전제를 기초로 하고 있다. '인간이 모든 실체의 창조자'라는 포스트모더니즘의 전제에 대한 철학적 기원을 철학자 칸트에게서 찾는 사람들도 있다. 칸트는 인간이 지식을 습득하는 과정에서 인간의 마음은 외부로부터 오는 감각적 경험에 대해서 전적으로 수동적이라고 생각하는 경험론과는 달리 인간의 마음이 능동적 역할을 한다고 주장한다. 감각적 경험을 통해서 들어온 현상과 사건들은 감각적 경험 이전에 인간의 마음에 존재하고 있는 인식의 틀에 의해서 이해되고 해석되어서 사물에 대한 기초적인 지식을 형성한다고 주장한다. 객관적인 사물을 이해하는 과정에서 마음이 수동적이 아니라 능동적인 역할을 한다고 주장하는 칸트의 인식론적 대전환을 인간이 실체의 창조자라고 주장하는 포스트모더니즘으로 가는 시작이라고 생각하는 것이다.

세계관적 관점에서 본다면 인간이 실체의 창조자라고 주장하는 포스트모더니즘의 시작을 칸트의 인식론의 변화에서 찾는 것보다는 철학자 니체의 형이상학의 해체에서 보는 것이 좀 더 직접적인 연관성이 있다. 니체는 칸트의 인식론적 대전환에서 시작된 서구의 철학적 흐름에 정점을 찍는다. 서구철학이 형이상학에 대한 의심을 가지면서 초월적인 자아에 대한 논의 역사의 발전을 이끌어가는 절대정신 철저한 역사실증주의 생물학적 진화론으로 흘러가는 철학적 흐름을 니체는 '신은 죽었다'라는 직설적인 말로 표현했다.

'신은 죽었다'고 선언한 니체의 허무주의는 계몽주의 이후에

서양 철학이 주도하고 있는 인간 이성에 근거하여 세워진 기존의 신념 체계를 전체적으로 그리고 철저하게 해체한다. 기존의 신념 체계를 해체하고 나면 남는 것은 사물을 바라보는 관찰자의 관점만 남게 된다. 특정한 사물에 대해서 객관적이고 절대적인 한 가지 의미만 존재하는 것이 아니라 관찰자의 관점에 따라서 다양한 의미가 존재할 수 있다는 것이다. 자아가 본문의 의미를 해석하듯이 모든 사물의 존재 양식도 그것을 만나고 경험하는 자아 self 의 관점에 따라서 달라진다는 것이다.

모든 사물의 존재 양식은 관찰자의 관점에 따라서 달라진다는 관점주의는 니체의 철학적 작업의 핵심이다. 니체에 의하면 객관적인 인격성은 없으며 또한 객관적인 관점도 없다. 오직 주관적인 개인들과 개인적이고 상대적인 관점만 있을 뿐이다. 세상을 해석하는 것은 인간의 필요이며 절대 만족감을 주는 하나의 해석은 있을 수 없다. 해석이 가미되지 않는 순수 사실 pure fact 은 존재할 수 없으며 다만 수백 개의 해석들과 감정들과 추측들과 예감들과 견해들과 직관들이 있을 뿐이다. 니체의 주장에 의하면 사상은 감정에 강하게 영향을 받는 인간성의 산물이다. 이렇게 되면 세계는 무한정의 해석을 가능하게 하는 재료들로 구성되어 있을 뿐이다. 이 세상에서 사물들을 해석하고 의미를 재구성하는 것은 그것들을 만나고 경험하는 각자의 할 일이다. 이렇게 해서 자아가 실체의 창조자로 등극하게 되는 것이다.

지속적으로 변화하는 가변적 실체

포스트모더니즘은 모든 실체는 주관적 자아의 창조적 상상의 결과물이라고 주장한다. 모든 사물의 질서를 재구성하고 의미를 창조하는 주체인 자아조차도 고정된 것이 아니라 지속적으로 변화하는 정체성을 가지고 살아가는 가변적인 것이라고 주장한다. 근대 철학에서 자아는 본질적으로 고정된 정체성을 가지고 있으며 시간을 초월한 존재라고 생각하였다. 그러나 포스트모더니즘은 근대철학이 가지고 있던 시간을 초월하여 존재하는 고정된 자아의 개념을 거부한다. 왜냐하면 고정된 자아의 개념에는 자기발전 self-development 이라는 개념이 있을 수 없기 때문에 자신의 역사를 가질 수 없다고 생각한다. 고정된 자아의 개념을 거부하는 대신 자기 발전과정이라는 자기 자신의 고유한 역사를 가질 수 있는 가변적인 자아의 개념을 수용한다. 가변적인 자아는 자기 자신의 변화에 대해서 열려 있을 뿐만 아니라 세상의 변화에 맞추어서 자기 자신을 변화시킬 줄 아는 자아상을 추구한다. 그렇기 때문에 '자기개발', '자아성취'와 같은 단어가 자기 발전의 역사를 만들어 가는 과정에서 대단히 중요한 의미를 가지게 된다.

  포스트모더니즘이 주장하는 자아상은 시간과 환경에 따라 지속적으로 변화하는 가변적인 자아이기 때문에 오늘의 나는 어제의 내가 될 수 없다고 주장한다. 달리 표현하면 사물을 해석하고 실체를 창조하는 자아는 고정된 자아가 아니라 지속적으로 변화하는 존재이다. 그렇기 때문에 오늘 내가 경험하는 사물이 어제의 사물과 동일한 것이라고 하더라도 그것을 해석하는 내가 어제의 내가 아니기 때문에 나의 해석의 결과로 만들어진 실체는 어제의 것과 동일한 것이 될 수 없다.

실체를 창조하는 자아가 고정된 것이 아니기 때문에 가변적인 자아에 의해서 창조되는 실체는 더욱 더 가변적인 것이 될 수밖에 없다. 포스트모더니즘은 전통적으로 믿어오던 존재의 객관적 안정성을 부정하고 존재도 시간과 상황에 따라 다양하게 변할 수밖에 없는 하나의 사건으로 이해한다. 니체가 선언한 신의 죽음은 서양 철학에서 존재론의 기초를 형성하였던 형이상학의 해체를 의미한다. 모든 존재의 객관적 안정성이 부정되면 존재는 더 이상 '있는 것' to be 이 아니라 '있게 되는 것' to become 이다.

존재 자체가 고정된 것이 아니라 역사적 변화에 따라 지속적으로 변화하는 가변적인 것이기 때문에 모든 존재의 의미도 객관적으로 고정된 것이 아니라 어떤 특정한 역사적 시점에서 이해되는 것이다. 그렇기 때문에 존재는 시간 안에서 생성되기도 하고 변화하기도 하고 소멸되기도 하는 하나의 역사적 사건이다. 하나의 사건으로서의 존재에 대한 해석도 어떤 객관적인 기준에 의해서 이루어지는 것이 아니라 수시로 변화하는 자아의 주관적 판단과 느낌에 의해서 자의적으로 이루어지기 때문에 존재의 의미는 각각의 해석자의 관점에 따라서 끝없이 다양한 형태로 나타난다. 따라서 모든 사물은 수시로 변화하는 주관적 자아의 자의적 해석의 산물 그 이상도 그 이하도 아니다. 이런 과정을 거쳐서 포스트모더니즘이 주장하는 표어인 '모든 것은 읽고 해석해야 할 본문이다' Everything is text 라는 말이 성립되는 것이다.

　　본문으로 존재하는 실체는 독자의 언어 능력에 의해서 의미가 규정되고 창조되기 때문에 독자는 어떤 것에도 구속되지 않고 자유롭게 사물을 해석하고 의미를 창조하는 전권을 가진다. 독자들은 사물을 이해하고 해석하는 주체로서 무한한 자유와 권한을 가졌다고 생각하기 때문에 포스트모더니즘은 '우리는 언어로써 실체를 창조한다' We create reality with words 라고 주장한다. 존재는 언어적 능력에 의해서 창조되고 언어적 구조물로 존재하기 때문에 포스트모더니즘에서 언어는 존재를 창조하는 도구임과 동시에 존재 그 자체이다.

　　존재에 대한 포스트모더니즘의 생각을 간단히 정리하면 인간을 포함한 모든 존재는 역사적 상황 안에서 생성과 발전과 소멸의 고유한 역사를 가지고 있는 가변적인 것이다. 이 과정에서 주관적인 자아가 자기의 주관적인 판단에 근거하여 언어적 상상력을 동원하여 자신을 둘러싸고 있는 세상을 창조하는 창조자가 된다. 자아는 언어라는 도구를 사용하여 세상을 창조하는 창조자이다. 우리는 여기서 인간이 언어로써 실체를 창조한다는 말은 성경에서 하나님이 말씀으로 천지를 창조하셨다는 말씀과 너무나 닮았다는 사실에 주목할 필요가 있다.

지금까지 살펴본 바에 의하면 포스트모던 세계관은 성경적 세계관의 구조에서 주어와 목적어를 철저하게 뒤집어 놓은 것이다. 성경은 '하나님이(주어) 천지를(목적어) 창조하셨다'라고 선언한다.

하나님이 창조하신 천지 안에는 인간을 포함한 모든 피조물들이 포함된다. 하나님 이외의 모든 존재는 하나님이 만드신 목적어이다. 그런데 포스트모더니즘은 '인간이(주어) 모든 사물을(목적어) 창조한다'라고 주장한다. 인간이 창조하는 모든 사물 안에는 하나님을 포함한 모든 추상적인 개념도 다 포함된다. 포스트모던 세계관은 창조자 하나님을 주어의 자리에서 끌어내려서 목적어의 자리로 밀어 넣고 목적어의 자리에 있던 인간을 주어의 자리로 끌어올렸다. 포스트모던 세계관에 의하면 성경적인 하나님의 개념은 인간에 의해서 해체되고 인간이 언어적 상상력으로 재구성하여 창조한 하나님만이 존재할 뿐이다. 다시 말하면 인간이 창조자 하나님을 해체하고 자기의 감정과 느낌에 맞는 새로운 하나님을 창조한 것이다.

창조적 자아의 죽음: 포스트모던 세계관의 모순적 결과

창조자 하나님은 포스트모더니즘에 의해서 해체되는 그런 나약한 존재인가? 포스트모더니즘이 주장하는 자아는 창조자 하나님을 해체시킬 정도로 강력한 능력을 가졌는가? 질문 같지도 않은 질문같이 들리지만 이 질문을 약간은 진지하게 검토해 볼 필요가 있다.

'해 아래 새 것이 없다'(전 1:9)고 말씀한 성경말씀처럼 포스트모더니즘은 전혀 새로운 것은 아니다. 하나님을 해체하고 자기가 모든 실체를 창조하는 창조자라고 주장하는 포스트모더니즘의 주장은 오늘 우리 시대에 갑자기 생겨난 것이 아니다. 앞에서 언급한 것처럼 포스트모더니즘의 시작을 가깝게는 니체와 실존주의 철학이라고 생각하고 좀 더 거슬러 올라가면 칸트의 철학에서 그 기원을 찾는다. 그러나 더 거슬러 올라가면 창세기로 거슬러 올라간다. 인간이 하나님을 해체하려는 시도의 기원은 인류 최초의 인간인 아담과 하와이다. 더 거슬러 올라가면 그들을 유혹한 뱀(사탄)이다.

뱀은 하와에게 찾아와서 창조자 하나님의 존재를 부정하고 해체할 것을 주문하였다. 하나님이 너희들에게 선악을 알게 하는 나무의 열매를 따먹지 말라 하는 것은 대단히 부당한 명령이다. 하나님이 그렇게 금지한 이유는 너희들이 선악을 알게 하는 나무의 열매를 먹으면 눈이 밝아서 하나님과 같이 된다는 것을 알기 때문에 그것을 방지하기 위해서 그런 명령을 내린 것이라고 하와를 부추겼다. 해체론의 표현을 빌리면 하나님이 힘의 논리로 인간을 억압하여 하나님과 같이 되지 못하게 하고 피조물의 수준에 가두어 놓으려고 하기 때문에 그런 하나님의 의도를 해체하고 너희 스스로 창조자의 위치로 올라가야 한다고 충동질한 것이다.

해체

포스트모더니즘의 관점에서 본다면 선악을 알게 하는 나무의 열매를 먹지 말라는 하나님의 명령은 전형적인 해체의 대상이다.

하나님의 명령 속에 숨겨진 힘의 논리를 드러내어서 왜곡된 의미를 바로 잡아야 한다는 것이다. 해체론 deconstruction 에 의하면 모든 언어에는 힘의 논리가 내재되어 있기 때문에 본문 뒤에 숨겨진 힘의 논리를 드러내어서 해체시킴으로써 독자는 언어가 가지고 있는 힘의 논리로부터 벗어나 해석의 자유를 추구해야 한다. 해체론의 목표는 저자가 본문에 심어둔 힘의 논리를 드러내어서 해체시킴으로써 그 본문을 해석하는 독자로 하여금 저자의 힘의 논리에서 해방되어 어떤 외부적인 압박에 전혀 구애 받지 아니하고 자기의 경험과 자기의 감정에 따라 자유롭게 본문을 해석할 수 있는 자유를 부여하는 것이다.

해체론은 언어에 내재되어 있는 힘의 논리를 해체함으로써 힘의 논리에 의해서 구분된 중심부와 주변부의 구분을 제거할 뿐만 아니라 오히려 그 관계를 역전시킴으로써 독자를 창조자의 지위에까지 올려놓는 것이다. 이 원리를 하나님의 명령에 적용해 보면 하나님은 창조자의 권위로서 피조물인 아담과 하와에게 선악을 알게 하는 나무의 열매를 먹지 말라는 금지명령을 내렸다. 아담과 하와는 선악을 알게 하는 나무의 열매를 먹고 싶어도 하나님이 부여한 힘의 논리에 억압되어서 먹을 수가 없다. 하나님의 명령을 받는 아담 편에서 본다면 하나님의 명령 때문에 자기의 자유가 억압받고 있는 것이다. 힘의 논리로 본다면 하나님은 명령을 내리는 중심부에 있고 아담과 하와는 그 힘의 논리에 밀려서 억압당하는 주변부에 머무르게 된다. 아담과 하와는 하나님이 부여한 힘의 논리에서 벗어나지 못하는 한 그들은 결코 중심부를 차지하고 있는 창조자의 자리에 들어갈 수 없다. 항상 주변부에서 억압받는 상태로 살아갈 수밖에 없다. 그래서 아담에게 있어서 하나님은 해체의 대상이다. 아담은 하나님의 명령에 내재되어 있는 힘의 논리를 드러내어 해체시킴으로써 주변부에서 중심부로 들어가야 한다. 이것이 포스트모더니즘에서 주어와 목적어를 뒤집는 과정이다.

 뱀은 하와에게 찾아와서 피조물인 주변부에서 벗어나서 중심부인 하나님의 자리로 들어가라고 충동질하였다. 하나님이 금지명령에 심어놓은 힘의 논리를 무시한다고 해서 죽는 것이 아니라 오히려 하나님과 같이 되는 무한한 자유를 누리게 될 것이라고 말하였다. 하와는 뱀이 알려준 하나님의 명령에 내재되어 있는 힘의 논리를 인식하고 나서 하나님이 금지하신 선악을 알게 하는 나무의 열매를 보니까 그 나무의 열매는 너무나 먹음직하고 보암직하고 지혜롭게 할 만큼 탐스럽게 보였다.(창 3:6) 여기서 하와의 실제적인 고민이 시작되었다. 하나님이 설정한 힘의 논리에 갇혀 있을 것인가? 아니면 하나님이 금지명령 속에 심어 놓은 힘의 논리를 부정하고 자기의 감정과 욕구를 따라서 자유롭게 선악을 알게 하는 나무의 열매를 먹을 것인가?

 고민과 갈등 끝에 하와는 하나님이 심어 놓은 힘의 논리를 해체하고 어떤 외부적인 억압에도 구애 받지 않고 자기의 자유로운 감정을 따라 행동하기로 결정했다. 그래서 선악을 알게 하는 나무의 열매를 따먹고 자기와 함께 있는 남편인 아담에게도 주어서 그도 함께 먹었다.(창 3:6) 그렇게 하여 아담과 하와는 하나님을 해체하고 자기들이 하나님과 같이 되는 창조자의 위치로 올라가려고 시도했다. 본문에 내재되어 있는 힘의 논리를 해체하고 주변부에서 중심부로 들어가는 반전을 시도하였다. 즉 주변부에 있던 인간이 중심부로 들어가고 중심부에 있던 하나님을 주변부로 밀어낸 것이다.

삭제와 반전

주변부와 중심부가 뒤바뀌는 것을 해체론에서는 삭제와 반전이라고 설명한다. 이제는 중심부를 차지한 인간이 창조자의 위치에서 주변부로 밀려난 하나님을 자기들의 경험에 맞게 재해석하고 다시 만드는 것이다. 기존의 하나님의 개념을 지우고 주관적 자아가 만든 새로운 개념의 하나님이 만들어야 한다. 모든 언어 속에는 저자가 심어 놓은 힘의 논리가 내재되어 있기 때문에 독자에 의한 해체와 반전은 끊임없이 계속되는 과정이다. 이런 삭제와 반전의 과정을 통하여 '나는 나의 하나님을 믿고 너는 너의 하나님을 믿는다'는 종교 다원주의가 가능하게 된다.

    결론부터 말한다면 창조자 하나님이 아담에 의해서 해체되었는가? 하나님이 아담에 의해서 해체되었다면 포스트모더니즘이 시도하는 해체 작업도 성공할 것이다. **포스트모더니즘의 철학적 원조인 니체는 하나님은 죽었다고 선언하였다.** 그러나 아담의 시도가 실패했다면 포스트모더니즘의 시도도 실패할 수밖에 없다. 아담이 선악을 알게 하는 나무의 열매를 따먹은 이후의 결과를 창세기 3장은 자세히 기록하고 있다. 아담은

하나님을 해체하고 자기가 창조자의 자리를 차지하는 삭제와 반전을
시도하였지만 결과는 정반대로 나타나고 말았다. 아담과 하와가
하나님과 함께하는 에덴이라는 창조의 중심부에서 쫓겨나고 말았다.
그리고 자신의 영혼과 육체가 해체되는 죽음으로 끝나고 말았다.

간단히 말해서 창조자 하나님을 해체하고 자기가 창조자가
되려는 아담의 시도는 아담 자신의 죽음으로 결말이 났다. 이것이
창조자 하나님을 대적하는 모든 유혹자들의 유혹 속에 내재되어
있는 모순적인 결과이다. 이렇게 본다면 해체의 대상은 창조자
하나님이 아니라 하나님을 대적하는 모든 유혹자들이다. 유혹자들의
언어 속에 내재되어 있는 거짓된 전제와 논리들을 드러내어서
해체시키는 것이 진정한 해체론의 방향이다.

니체와 같이 하나님의 죽음을 선포하는 것으로 절정을 이룬
포스트모더니즘의 전제는 뱀의 유혹을 받아서 창조자 하나님을
해체하려고 시도한 아담의 행위와 동일한 결과에 도달하게 될
것이다. 아담을 유혹한 뱀의 전제는 두 가지로 요약될 수 있다.
첫째는 선악을 알게 하는 나무의 열매를 먹어도 결코 죽지 않는다.
하나님은 반드시 죽는다고 했지만 뱀은 결코 죽지 않는다고 큰 소리
쳤다. 둘째는 눈이 밝아서 하나님과 같이 된다. 피조물의 위치에서
벗어나 창조자가 된다고 유혹하였다. 그러나 결과는 둘 다 거짓으로
드러나고 말았다.

하나님의 죽음을 선포함으로 절정을 이룬 포스트모더니즘의
전제도 크게 두 가지로 요약할 수 있다. 첫째는 초월적이고 객관적

실체는 존재하지 않는다. 초월적이고 절대적인 존재로서의 하나님은 존재할 수 없다는 것이다. 둘째는 인간이 모든 실체의 창조자이다. 자율적 자아가 언어로서 모든 실체를 창조한다는 것이다. 이러한 포스트모더니즘의 전제는 아담을 유혹한 뱀의 전제처럼 정반대의 모순적 결과에 도달하게 된다. 결론적으로 말해서 포스트모더니즘의 전제는 자아를 창조자의 자리에 올려놓는 것이 아니라 자아의 죽음이라는 정반대의 모순적 결과를 보게 될 것이다.

자아의 죽음

포스트모더니즘은 본문에 내재되어 있는 힘의 논리를 드러내어 해체시킴으로써 본문의 의미 전달에 있어서 저자의 의도를 완전히 지워버리고 본문의 의미를 해석하는 독자에게 절대적인 자유를 주었다. 형이상학의 해체는 저자의 죽음을 선언한 것이다. 저자를 죽이고 독자를 저자의 위치로 격상시켜서 본문의 의미를 해석하는 전권을 독자에게 부여한 것이다. 그렇게 함으로써 독자는 본문의 해석을 통해 실체를 창조하는 저자의 지위를 가지게 된다. 앞에서 언급한 해체론의 과정에서 일어나는 해체와 삭제와 반전의 과정이 성공적으로 이루어진 것처럼 보인다.

여기서 한 가지 주의할 점이 있다. 포스트모더니즘이 주변부인 독자를 중심부인 저자의 위치로 격상시키기 위해서 사용하는 도구인 해체와 삭제와 반전의 과정은 한 번으로 끝나는 것이 아니다. 이 과정은 해체론에서 끊임없이 지속되는 과정이다. 이 말은 독자가 해체와 반전을 통해서 저자의 위치에 오르는 순간 또 다른 독자에 의해서 해체의 대상이 된다는 것이다. 저자는 독자의 창조적인 해석의 자유를 억압하는 힘의 논리를 가지고 있기 때문에 독자의 자유로운 해석을 위해서는 저자는 해체되고 삭제되어야 한다. 그렇게 함으로써 독자는 저자의 의도에 전혀 상관없이 분문을 독자의 감정에 따라 자유롭게 해석할 수 있는 자유를 확보했다고 승리의 찬가를 불렀다.

그러나 포스트모더니즘은 삭제와 반전을 끊임없이 반복하는 해체론에 치명적인 모순이 숨어있음을 애써 무시하고 있다. 독자가 저자를 죽이고 자기가 저자가 되는 순간 자신은 또 다른 독자에 의해서 해체의 대상이 된다는 사실 말이다. 해체론의 논리를 따라가면 독자가 저자를 죽이고 저자가 되는 순간 자신도 다른 독자에 의해서 죽음을 당할 수밖에 없다. 결과적으로 저자의 죽음은 독자의 죽음으로 이어진다. 포스트모더니즘의 이런 연쇄살인은 끝없는 대량학살로 계속된다. 어느 누구도 저자의 위치에서 살아남을 수 없는 파멸의 논리가 포스트모던 세계관이 주장하는 전제의 치명적인 모순이다.

포스트모더니즘이 주장하는 해체론적 해석학은 어릴 때 시골에서 친구들과 놀이로 즐겼던 언어적 유희의 까마득한 기억을 떠올리게 한다. 어릴 때의 아련한 기억을 더듬어 보면 대략 이렇다. 한 아이가 바나나를 언어적 유희의 대상으로 정한다. 그러면 다른 아이가 바나나를 보고 자기 나름대로 해석을 한다: 바나나는 길다.

바나나라는 과일을 보고 거기에 길다는 의미를 부여했다. 여기에 포스트모더니즘의 관점을 적용시키면 '바나나는 길다'고 말한 아이가 언어로써 실체를 해석하고 새로운 의미를 창조한 창조자가 된다. 그 다음에는 '바나나는 길다'라는 말을 들은 아이가 그 말을 듣고 자기 나름대로 해석하고 새로운 의미를 부여할 차례이다. 이번에는 '바나나는 길다'라고 말한 아이는 저자가 되고 그 말을 들은 아이는 독자가 되어서 저자의 의도와는 관계없이 자기 나름대로 본문을 해석하고 의미를 부여한다. '긴 것은 기차'라고 말한다. '긴 것은 기차'라고 말하는 순간 '바나나는 길다'라고 말한 저자는 사라지고 '긴 것은 기차'라고 말한 독자가 저자의 위치에 서게 된다. 그 다음에는 '긴 것은 기차'라는 말을 들은 아이가 독자의 위치에서 저자가 말한 본문을 자유롭게 해석하고 자기 나름대로의 의미를 부여한다. '기차는 빠르다'라고 말한다. 이런 과정을 계속 이어 간다.

이 과정에서 처음에는 바나나로 시작했지만 한 단계만 거치면 바나나라는 객관적 대상은 사라지고 아이들의 언어적 상상력에 의하여 만들어진 전혀 다른 사물들이 해석의 대상으로 끝없이 등장하게 된다. 이런 과정을 간단하게 나열하면 대략 다음과 같다:

"바나나는 길다."
"긴 것은 기차."
"기차는 빠르다."
"빠른 것은 비행기."
"비행기는 높다."

이런 식으로 계속 이어진다. 이 과정에서 독자의 무한한 자유는 보장되는 듯하지만 어느 것도 의미 있는 본문으로 살아남지 못하고 순식간에 해체되고 삭제되어서 사라지고 만다.

간단히 정리하면 하나님은 죽었다고 선언하면서 형이상학의 해체를 주장한 포스트모더니즘의 칼날은 저자를 죽였을 뿐만 아니라 결국은 독자도 죽이고 말았다. 포스트모더니즘은 저자를 해체시키고 삭제함으로써 결국은 자신이 주장하는 전제 자체를 해체시키고 말았다. 본문을 해체하고 저자를 죽인 포스트모더니즘은 결과적으로 실체의 창조자인 자아를 죽이고 말았다. 하나님은 죽었다고 선언하면서 객관적인 실체를 해체하고 주관적인 자아가 언어적 상상력을 동원해서 실체를 창조하는 창조자라고 큰소리치던 포스트모더니즘은 하나님의 명령에 불순종한 아담처럼 자아의 해체와 죽음으로 끝나는 자기모순에서 벗어날 수가 없다.

계시에 근거한 유추적 해석

포스트모더니즘은 인간을 창조자의 위치에 올려놓고 인간에게 언어적인 상상력을 동원하여 주관적인 감정에 근거하여 실체를 자유롭게 창조할 수 있는 무한한 자유를 부여하였다. 듣기에는 대단히 매력적이다. 마치 뱀이 하와를 유혹할 때 '선악을 알게 하는 나무의 열매를 먹어도 결코 죽지 않는다. 그것을 먹는 날에는 네가 하나님과 같이 된다'고 말한 것만큼이나 매력적이다. 그러나 결과는 어떻게 되었는가? 선악을 알게 하는 나무의 열매를 먹기 이전이나 먹은 이후에나 아담은 여전히 창조자 하나님과 같이 될 수 없는 피조물이다. 어떤 경우에도 아담은 피조물의 한계를 벗어날 수 없다. 이것은 인간으로서는 결코 부정할 수 없는 현실이다. 마찬가지로 포스트모더니즘이 무엇이라고 주장하든지 간에 인간은 자유롭게 실체를 창조할 수 있는 창조자가 될 수 없다.

포스트모더니즘의 전제는 자아를 실체의 창조자로 격상시키는 것이었지만 결과는 자아의 죽음으로 끝나고 말았다. 여기서 알 수 있는 것은 우리가 살아가는 세상에는 인간이 부정할 수 없는 초월적인 존재 질서가 분명히 존재한다는 것이다. 그리고 인간은 피조물의 한계를 뛰어넘어서 창조자가 될 수 없다는 것이다. 이것은 어떤 경우에도 부정할 수 없는 현실이다.

성경은 우리에게 분명한 세계관적인 틀을 제시한다. 하나님은 우주 만물을 창조하신 창조자이며 주어이다. 하나님의 존재는 근원적이고 절대적이며 무한한 존재이다. 인간은 무한한 자유로써 자기 마음대로 실체를 창조할 수 있는 창조자가 아니라 하나님의 형상대로 만들어진 피조물이다. 인간은 하나님의 형상대로 만들어진 피조물이기 때문에 인간은 근원적인 존재가 아니라 파생적인 존재이며 절대적인 존재가 아니라 제한적인 존재이며 무한한 존재가 아니라 유한한 존재이다. 그렇기 때문에 사물에 대한 인간의 해석은 이러한 존재론적인 틀 안에서 이루어져야 한다.

하나님이 정하신 창조의 틀 안에서 이루어지는 인간의 해석을 밴틸 Van Til 은 유추적 해석 analogical interpretation 이라고 정의한다. 유추적 해석은 포스트모더니즘이 주장하는 것처럼 주관적인 자아가 무한한 자유를 가지고 자율적 상상력을 동원하여 자기 마음대로 해석하는 것이 아니라 하나님의 계시에 근거해서 생각하고 해석하는 것이다. 인간은 하나님의 형상대로 만들어진 하나님의 피조물이기 때문에 그의 생각과 해석에 있어서도 원본인 하나님을 닮아야 한다. 하나님의 뜻에 상관없이 자율적인 관점으로 해석할 것이 아니라 하나님의 뜻에 따라서 생각하고 해석할 책임이 있다. 이런 사고의 형태를 유추적인 사고라고 정의한다. 다른 말로 설명하면 유추적인 해석은 하나님의 뜻을 따라 생각하고 하나님의 뜻을 따라서 해석하는 것이다. 포스트모더니즘이 주장하는 인간의 자율적 해석은 인간의 직관이나 감정이 모든 해석의 최종적 기준이 되지만 유추적 해석은 성경에 계시된 하나님의 뜻을 최종적 평가 기준으로 하여 그 뜻에 맞게 사물을 관찰하고 분석하고 해석하는 것이다. 이런 면에서 성경적 세계관이 사물을 보고 듣고 생각하는 틀이 되어야 한다는 것이다.

모든 해석은 그 배후에 세계관적 전제를 기초로 하고 있다. 포스트모더니즘이 주장하는 자율적 해석은 '자아가 실체의 창조자'라고 주장하는 전제에 근거하여 이루어지는 해석이다. 그에 반해서 성경에 근거한 유추적 해석은 '인간은 하나님의 형상대로 창조된 피조물이다'라는 전제에 근거하여 이루어지는 해석이다. 어느 것이 맞는지는 그 전제의 일관성에 의하여 결정된다. 앞에서 살펴본 대로 창조자 하나님의 존재를 해체하고 인간을 창조자의 자리에 올려놓은 포스트모더니즘의 전제는 창조적 자아의 죽음이라는 해결할 수 없는 자기모순에 빠지고 말았다.

포스트모더니즘의 전제가 자기모순에 빠져서 타당한 것으로 성립될 수 없다는 것이 판명되었기 때문에 거짓 전제에 근거한 포스트모더니즘의 모든 주장은 거짓이 될 수밖에 없다. 아담과 하와를 유혹한 뱀의 주장이 듣기에는 대단히 매력적인 것이었지만 그 전제 자체가 창조자 하나님의 권위를 부정하고 하나님의 명령을 부정하는 거짓된 전제라는 것이 인간의 죽음이라는 모순적인 결과로 분명히 증명된 것과 같은 것이다. 창조 이래로 하나님의 존재와 권위를 해체하려는 인간의 시도는 끊임없이 계속되었지만 하나님을 해체하려는 어떤 시도도 성공하지 못했다. 이것이 피조물로 존재하는 인간의 한계이다. 포스트모더니즘도 타락한 아담의 행동을 본받아서 하나님을 부정하고 거역하는 불순종의 한 형태에 불과하다.

포스트모더니즘은 세상을 이해함에 있어서 계시에 근거하여 하나님의 뜻에 따라 해석하는 유추적인 해석을 포기하고 주관적 자아의 자유로운 감정에 근거하여 자율적으로 해석하라고 주장한다. 거기에 반해서 성경은 타락한 인간의 자율적 해석을 포기하고 하나님의 계시에 근거한 유추적 해석으로 돌아오라고 권고한다. 포스트모더니즘이 하나님으로부터 벗어나서 자율적 자아로 나아가라는 세속화의 세계관이라면 성경의 권면은 자율적 자아에서 하나님께로 돌아오라는 복음화의 세계관이다. 이런 관점에서 밴틸

Van Til은 인간의 의식을 창조 타락 회복이라는 세 종류로 구분하여 설명한다.

인간은 하나님의 형상대로 창조되었기 때문에 세상과 인생과 그의 경험을 해석함에 있어서도 하나님의 인도하심을 따라 해석하였다. 이것이 창조 시에 가졌던 아담의 의식이다. 그러나 아담이 하나님께 불순종한 이후에는 하나님의 뜻에 순종하기를 거부하고 자신의 주관적 감정에 근거하여 세상과 인생과 경험을 해석하는 자율적 해석자가 되기를 추구하였다. 이것이 타락한 아담의 의식이다. 인간의 타락은 모든 영역에 있어서 하나님을 최종적인 권위로 인정하지 않고 자신을 최종적인 평가 기준으로 삼고자 시도하였다. 이런 맥락에서 하나님은 죽었다고 선언하는 포스트모더니즘의 주장이 나오게 된 것이다. 결국 포스트모더니즘은 하나님을 떠나라고 주장하는 세속화를 추구하는 세계관이다.

포스트모더니즘이 주장하는 세속화의 세계관과는 반대로 성경적 세계관은 아담이 타락 이전에 가졌던 의식으로 돌아오라고 말한다. 구원은 인간의 의식이 타락한 상태에서 창조의 상태로 돌아가는 것을 의미한다. 거듭난 사람의 의식은 그의 마음과 뜻을 전적으로 성경에 계시된 하나님의 뜻에 순종하는 것이다. 이런 면에서 성경적 세계관이 추구해야 할 사명은 자율적 해석의 체계를 가지고 있는 사람들에게 세상과 인생을 해석함에 있어서 자율적 감정이 아니라 하나님의 계시에 근거하여 재해석하라고 요청하는 것이다. 세상을 보고 듣고 해석하는 생각의 틀을 주관적 자아의 자율적인 사고의 틀에서 하나님의 계시에 근거한 유추적 사고의 틀로 바꾸라고 권고하는 것이다. 결론적으로 복음을 전하여 타락한 사고체계를 가진 사람을 구원하는 것은 그 사람이 가지고 있는 타락한 세계관을 변화시키는 것이다. 그러므로 믿음은 세계관의 전쟁이다.

포스트모더니즘의 도전

포스트모더니즘이 충동질하는 삶의 원리는 '지금 이 순간 나를 즐겁게 하라'는 말로 요약할 수 있다. 이 원리의 이면에는 내가 가치 판단의 기준이며 내가 의미의 창조자라는 전제가 뒷받침 하고 있다. 이것은 마치 하와에게 선악과를 따먹으라고 충동질하는 뱀의 유혹과 같이 매력적으로 들린다. 선악과를 따먹으면 죽지 않을 뿐더러 하나님과 같이 된다고 주장하면서 선악과를 따먹고 창조자의 자유를 마음껏 누리고 즐기라고 유혹한다. 이 얼마나 매력적인 제안인가?
　포스트모더니즘은 주관적인 자아를 실체의 창조자의 위치에 올려놓고 세상의 모든 객관적이고 고정된 실체를 부정하고 자신의 자유로운 상상력을 동원하여 자신의 감정을 즐겁게 하고 자아를 만족시킬 수 있는 그런 실체를 창조하라고 주장한다. 하나님의 존재도 주관적 자아의 창조의 대상에서 예외가 될 수 없다. 그래서 너는 너의 하나님을 만들고 나는 나의 하나님을 만들게 되는 것이다. 이것은 성경의 원칙을 정반대로 뒤집은 것이다.
　성경은 하나님께서 자기의 형상을 따라 자기의 모양대로 사람을 만들었다(창 1:27)고 말씀하지만 포스트모더니즘은 주관적 자아가 자기의 언어로 자기 마음에 즐거움을 주는 하나님을 만들라고 주장한다. 주관적인 자아가 만든 하나님은 인간의 창조자가 아니라 인간의 피조물이다. 하나님은 나의 창조자가 아니라 내가 만든 나의 피조물이며 기껏해야 나의 애완동물 수준을 벗어날 수 없다. 내가 만든 하나님은 내가 장식하고 내가 돌보는 나의 감정적 만족을 위해서 존재하는 하나님이다. 간단히 말하면 포스트모더니즘은 창조자 하나님을 해체하고 애완동물 수준의 하나님을 만들었다. 모든 것이 나의 주관적인 계획과 경영 안에서 나의 세계가 아름답게 만들어져 가는 것처럼 보인다. 일시적이나마 뱀의 유혹대로 내가 창조자가 된 듯한 기분을 느낄 수도 있다.

그러나 여기서 우리가 분명히 기억해야 할 것이 있다. 포스트모더니즘의 주장에 따르면 시간이 지나고 상황이 바뀌면 주관적인 자아도 바뀌고 주관적인 자아가 창조한 실체의 의미도 바뀐다. 오늘은 내가 세상의 창조자처럼 느끼며 행동할 수 있지만 그런 감정이 내일도 계속되리라는 보장은 전혀 없다. 포스트모더니즘의 주장에 의하면 오늘의 세상은 오늘의 세상이고 내일의 세상은 내일의 세상이다. 마치 아침 안개와 같이 잠시 보이다가 사라지는 것이 포스트모더니즘이 주장하는 주관적 자아가 창조하는 세상에 대한 비전이다.

"내일 일을 너희가 알지 못하는 도다. 너희 생명이 무엇이냐? 너희는 잠깐 보이다가 없어지는 안개니라."(약 4:14)

창조자 앞에 선 인간의 존재는 아침 안개와 같은 존재일 수밖에 없다. 아침 안개와 같은 존재가 창조자 하나님을 해체할 수 있다고 주장하니 어리석은 일이 아닐 수 없다. 마치 아침에 짙은 안개가 끼어서 앞이 안 보이면 안개가 온 세상을 정복한 것 같고 온 세상을 다스리는 것 같은 착각을 불러일으킬 수도 있다. 그러나 그것은 잠시 잠깐 그렇게 느껴질 뿐이다. 해가 떠오르면 아침 안개는 흔적도 없이 사라지고 만다. 포스트모더니즘이 제시하는 주관적 자아가 창조하는 세상에 대한 비전이 바로 이와 같은 것이다.

    창조자 하나님은 인간의 어떤 시도에도 불구하고 결코 해체당하지 않는다. 이사야 선지자는 이렇게 선포한다: "여호와의 영광이 나타나고 모든 육체가 그것을 함께 보리라. 이는 여호와의 입이 말씀하셨느니라. 6)말하는 자의 소리여 이르되 외치라. 대답하되 내가 무엇이라 외치리이까 하니 이르되 모든 육체는 풀이요 그의 모든 아름다움은 들의 꽃과 같으니 7)풀은 마르고 꽃이 시듦은 여호와의 기운이 그 위에 붊이라. 이 백성은 실로 풀이로다. 8)풀은 마르고 꽃은 시드나 우리 하나님의 말씀은 영원히 서리라 하라."(사 40:5-8) 하나님이 해체당하는 것이 아니라 오히려 하나님을 해체하려던 아담이 해체당하고 뱀이 해체당하고 말았다. 하나님은 죽었다고 선언한 전제 위에 세워진 포스트모더니즘의 유혹도 아담이 받은 유혹과 같이 거짓된 것이다.

    포스트모던 사회를 이끌어가는 특징적 현상인 소비자 중심적인 쾌락주의는 포스트모더니즘의 잘못된 전제 위에 세워진 아침 안개와 같은 허상이며 풀의 꽃과 같이 신속히 지나가는 것이다. 하지만 감각적 쾌락주의는 외형적인 화려함으로 내면적인 거짓을 숨기고 사람들을 현혹시키고 있다. 거짓된 화려함에 미혹되는 것은 주관적 자아의 해체라는 자신의 죽음을 초래하는 파멸의 길로 가는 것이다. 그러므로 하나님의 청지기로 부름을 받은 사람들은 감각적이고 외형적인 화려함 뒤에 감추어진 거짓을 볼 수 있어야 한다. 화려한 가면 뒤에 숨겨진 포스트모더니즘의 거짓을 드러내고 해체시키는 것이 성경적 세계관으로 거듭난 하나님의 선하고 지혜로운 청지기들이 이 땅에서 감당해야 할 시대적 사명이다.

시편 1편 말씀이 하나님을 부정하고 하나님을 해체하려고 시도하는 포스트모던 세계관의 도전에 대한 결론적인 송영이라고 말할 수 있다:

"1) 복 있는 사람은 악인들의 꾀를 따르지 아니하며 죄인들의 길에 서지 아니하며 오만한 자들의 자리에 앉지 아니하고 2) 오직 여호와의 율법을 즐거워하여 그의 율법을 주야로 묵상하는도다. 3) 그는 시냇가에 심은 나무가 철을 따라 열매를 맺으며 그 잎사귀가 마르지 아니함 같으니 그가 하는 모든 일이 다 형통하리로다. 4) 악인들은 그렇지 아니함이여 오직 바람에 나는 겨와 같도다. 5) 그러므로 악인들은 심판을 견디지 못하며 죄인들이 의인들의 모임에 들지 못하리로다. 6) 무릇

의인들의 길은 여호와께서 인정하시나 악인들의 길은 망하리로다."

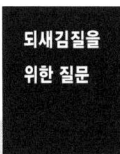
되새김질을 위한 질문

1. 오어와 카이퍼가 모더니즘의 세계관적 도전에 직면했다면 우리는 포스트모더니즘의 도전에 직면해 있습니다. 모더니즘과 포스트모더니즘의 차이점은 무엇이라고 생각하십니까?

2. 이 시대의 사회적 문화적 현상을 이끌어가는 포스트모더니즘의 세계관적 원리는 무엇이라고 생각하십니까? 세 가지 관점에서 정리해 봅시다.

3. 소비자 중심적 쾌락주의가 추구하는 최고의 가치는 무엇이라고 생각하십니까?

4. 소비자 중심적 쾌락주의의 소비 품목들에는 어떤 것들이 있는지 간단히 정리해 봅시다.

5. 소비자 중심적 쾌락주의에서 인간의 몸이 가지는 이중적 성격은 어떤 것이라고 생각하십니까?

6. 소비를 통한 대중적 자아실현을 위해서 가장 중요한 두 가지 전제 조건은 무엇이라고 생각하십니까?

7. 포스트모더니즘이 주장하는 '객관적이고 고정된 사물이나 질서는 존재하지 않는다'라는 말은 어떤 전제를 기초로 하고 있다고 생각하십니까?

8. 하나님을 해체하고 자기가 모든 실체의 창조자가 될 수 있다는 주장은 어디에서부터 시작되었다고 생각하십니까?

9. 해체론의 목표는 독자들에게 어떤 자유와 지위를 주는 것이라고 생각하십니까?

10. 삭제와 반전을 끊임없이 반복하는 해체론에 숨어 있는 치명적 모순은 무엇이라고 생각하십니까?

11. 자율적 해석과 유추적 해석의 차이점을 간단히 정리해 봅시다.

12. 소비자 중심적 쾌락주의가 지배하는 사회에서 성경적 세계관으로 거듭난 청지기들이 감당해야 할 세계관적 사명은 무엇이라고 생각하십니까?

청 지 기
영성훈련
특　　강

Chapter Seven

7
세계관이 충돌하는 영적 전쟁터

복음을 배척하는 세대의 특징

소비주의의 평가 기준

상품으로 전락한 자아(the Self)

삶에 대한 마지막 평가

세계관이 충돌하는
영적 전쟁터

7

포스트모던 세계관은 기본적으로 성경적 세계관과 조화를 이룰 수가 없다. 왜냐하면, 주어가 서로 다르기 때문이다. 앞에서 살펴본 대로, 성경적 세계관의 기본 전제는 '하나님이 천지를 창조하셨다'이다. 하나님이 주어이고 나머지 모든 피조물들은 하나님이 창조하신 목적어이다. 그런데 포스트모던 세계관의 전제는 어떤가? 성경적 세계관의 전제와는 정반대이다. '자아가 언어적 상상력을 통하여 실체를 창조한다'이다. 자아가 주어이고 나머지 모든 것은 해석의 대상이며 의미 부여의 대상인 목적어이다. 하나님도 해석의 대상과 의미 부여의 대상에서 예외가 아니다. 이와 같이 주어와 목적어가 서로 다르기 때문에 포스트모던 세계관은 성경적 세계관과 정면으로 충돌할 수밖에 없다. 그러므로 포스트모던 세계관이 주도하는 소비자 중심적 사회 속에서 예수 그리스도를 따른다는 것은 삶의 순간순간이 세계관의 충돌을 경험하는 영적 전쟁이다. 예수님을 따르는 사람들에게 있어서 포스트모던 세계관이 지배하는 소비자 중심적 사회는 그야말로 삶과 죽음이 대결하는 치열한 영적 전쟁터이다.

복음을 배척하는 세대의 특징

성경적 세계관과 조화를 이룰 수 없는 세대는 결과적으로 복음을 배척하는 세대이다. 복음을 배척하는 세대는 어느 시대를 막론하고, 그 나름대로 공통적인 특징을 가지고 있다. 제임스 오어나 아브라함 카이퍼가 직면했던 모던 세계관이 성경적 세계관과 정면으로 충돌하는 복음을 배척하는 세대였다면, 오늘날 우리가 직면한 포스트모던 세계관도 성경적 세계관과 정면으로 충돌하는 복음을 배척하는 세대이다. 복음을 배척하는 세대의 기본적인 특징은 하나님의 영광을 구하는 대신 자기의 영광을 구하며 하나님을 경외하는 대신 자신의 만족을 추구한다. 이런 특징은 예수님 시대의 사람들에게도 마찬가지였다.

예수님은 마태복음 11장 16절에서, '이 세대를 무엇으로 비유할까?'하시면서 세례 요한과 자신이 전파하신 천국복음을 배척하는 세대의 특징을 말씀하신다. 예수님은 장터에서 어린 아이들이 모여서 소꿉장난하는 모습을 비유로 들어서 복음을 배척하는 그 시대 사람들의 특징을 설명하셨다. 아이들이 장터에 모여 앉아서 다른 친구들을 불러서 결혼식 놀이를 하자고 요청한다. 우리가 피리를 불며 즐겁게 노래할 테니 너희들은 음악에 맞추어서

춤을 추라고 제안을 한다. 그리고는 열심히 피리를 불면서 노래를
한다. 그런데 춤을 추라고 제안을 받은 아이들은 피리를 불며
노래하는 아이들의 행동에 전혀 반응하지 않고 자기들이 하고 싶은
대로 행동한다. 한 무리의 아이들이 부르는 노래와 다른 무리들의
아이들이 노는 모습은 전혀 다른 것이 되고 말았다. 그러니 결혼식
놀이를 하자고 제안한 아이들이 무시를 당하고, 마음이 상하는 것은
너무나 당연한 것이다.

　한 번 마음이 상한 아이들은 이번에는 놀이의 종류를 바꾸어서
함께 놀자고 제안을 한다. 우리가 슬피 울면서 곡을 할 테니,
너희들은 가슴을 치면서 슬퍼하라고 제안을 한다. 결혼식 놀이를
제안했다가 거절당한 아이들이 이번에는 장례식 놀이를 제안한
것이다. 그러고는 열심히 슬픈 노래를 부르면서 장례식 분위기를
돋운다. 그런데 이번에도 다른 무리들의 아이들은 슬픈 노래에 전혀
반응하지 않고, 무관심하게 자기들이 하고 싶은 대로 행동한다. 한
무리의 아이들은 슬픈 노래를 부르는데, 다른 무리들의 아이들은
전혀 슬퍼하지 않는다. 이 두 무리의 아이들은 같이 어울려서 놀이를
할 수 없는 아이들이다. 각자 자기 하고 싶은 대로 행동하니까 함께
어울려서 놀이를 할 수 있는 공통점이 전혀 형성되지 않는 것이다.
예수님은 복음을 배척하는 사람들의 행동양식을 이렇게 비유를
들어서 설명하셨다.

　예수님은 어린 아이들이 장터에서 소꿉놀이 하는 장면을
이번에는 구체적으로 예수님 시대 사람들이 복음에 대하여 보인
반응에 적용하면서 복음을 배척하는 세대의 특징을 설명하신다.

요한이 와서 그 시대 사람들에게 회개의 복음을 선포하였다.
"회개하라! 천국이 가까이 왔느니라."(마 3:2)

　　　요한은 다가올 천국을 맞이하기 위해서는 철저하게 회개하고, 자신을 거룩하게 해야 한다고 선포하였다. 금식하며 기도하고, 금욕적인 삶을 살면서 자신을 정결하게 하라는 회개의 복음을 선포한 것이다. 회개의 복음을 선포한 요한의 메시지를 들은 사람들은 어떻게 반응하고 있는가? 요한이 전한 복음의 내용보다는 요한의 외형적인 모습을 보고 요한이 귀신들렸다고 매도하고 배척해 버렸다. 회개와 금욕적인 삶을 강조하는 요한의 외형적인 모습을 보고 귀신이 들려서 먹지도 않고, 마시지도 않는다고 평가하면서 요한이 전하는 복음은 고려할 대상도 되지 못한다는 식으로 배척해 버렸다. 장터에서 소꿉놀이하던 어린 아이들의 모습에 비유하면 요한의 모습은 장례식 놀이를 하자고 제안한 것과 같은 것이다.

　　요한의 뒤를 이어서 예수님께서 동일한 내용의 천국 복음을 선포하셨다.

　　"회개하라! 천국이 가까이 왔다."(마 4:17)

　　그러나 천국 복음을 전파하는 예수님의 외형적인 모습은 요한과는 완전히 다른 것이었다. 예수님은 천국의 임재를 기뻐하고 즐거워하라고 복음을 선포하셨다. 금식하며 금욕적인 모습으로 복음을 선포한 요한과는 대조적으로 예수님은 먹고 마시며 자신을 낮추어서 그 시대의 가장 약하고 소외된 사람들과 어울리면서 그들에게 천국복음을 선포하였다. 요한의 모습이 장례식 놀이를 하는 아이들에 비유된다면 예수님의 모습은 결혼식 놀이를 하는 아이들에 비유된다. 예수님은 모든 사람들을 천국의 즐거운 잔치에 초대하는 모습으로 천국복음을 선포한 것이다. 외형적으로 본다면 예수님은 요한과는 정반대의 모습으로 천국복음을 선포하였다.

    금식하고 금욕적인 삶으로 천국복음을 선포한 요한을 귀신들렸다고 배척한 사람들은 예수님의 복음 선포에는 어떻게 반응하고 있는가? 그들은 여전히 예수님이 전하는 복음의 내용보다는 예수님의 외형적인 모습을 보고 자기들 생각대로 평가하고 예수님을 배척해 버린다. 요한은 먹지 않는다고 귀신들린 사람이라고 배척하고 예수님은 소외된 자들과 어울려서 먹고 마신다고, 식탐에 빠진 사람이며 알코올 중독자이며 세리와 죄인의 친구라고 배척해 버린다.

복음을 배척하는 세대는 어떤 이유를 들어서든 복음을 배척한다. 먹지 않으면 먹지 않는다고 배척하고, 먹으면 먹는다고 배척한다. 기본적인 생각의 전제가 바뀌지 않는 이상은 조화와 타협이 있을 수 없다. 복음을 배척하는 세대 사람들은 그들이 가지고 있는 세계관의 변화가 없이는 결코 복음을 받아들일 수가 없다. 이런 면에서 믿음은 세계관의 변화를 요구하는 영적 전쟁이다. 생각의 체계에서 주어의 자리를 놓고 하나님과 자아가 정면으로 충돌하는 세계관의 전쟁이다.

    예수님이 비유를 들어서 설명한 말씀에서 우리는 복음을 배척하는 세대 사람들의 특징을 세 가지 정도로 정리할 수 있다. 첫 번째는, 복음을 배척하는 사람들의 사고체계의 특징이다. 복음을 배척하는 세대 사람들은 자기 마음대로 생각한다. 무엇을 보고 무엇을 듣든지 자기 편한 대로 생각하고 자기 마음대로 판단하고 평가해 버린다. 철저한 회개를 선포하는 요한의 모습을 보고 귀신들렸다고 매도해 버렸다. 어쩌면 낙타의 털옷을 입고 광야에서 생활하던 요한의 모습이 무덤 사이에서 생활하던 군대귀신 들린 사람과 비슷하게 보일 수는 있었을 것이다. 그러나 요한이 전하는 복음의 내용은 귀신들린 사람과는 전혀 달랐다. 그들은 광야까지 나가서 요한이 전하는 복음을 듣기도 하고 내용을 평가하기도 했다. 그럼에도 불구하고, 내용에 대한 고려는 전혀 하지 않고 겉모습만 보고 귀신들렸다고 평가하고 배척해 버렸다. 객관적인 사실과 근거는 아랑곳하지 않고 자기 편한 대로 생각하고 평가해 버렸다. 이런 형태의 사고체계는 예수님에 대해서도 동일하게 적용되었다. 먹고 마시면서 복음을 전하는 예수님을 알코올 중독자로 매도해 버린 것이다. 객관적인 사실에 근거하기보다는 자기들 편한 대로 생각하고 평가하는 데 있어서는 일관성을 유지하고 있다. 이것이 바로 복음을 배척하는 사람들의 사고체계의 특징이다.

 두 번째는, 복음을 배척하는 사람들의 행동양식의 특징이다. 복음을 배척하는 세대는 자기 뜻대로 행동하는 특징을 가지고 있다. 아이들이 장터에서 놀이를 하면서 다른 아이들에게 결혼식 놀이를 하자고 제안을 한다. 그 제안을 들은 아이들은 들은 척 만 척 하면서 같이 놀자는 아이들의 제안을 무시하고 자기 하고 싶은 대로 행동한다. 장례식 놀이를 하자고 제안을 해도 되돌아오는 반응은 마찬가지이다. 역시 상대방에 대한 배려보다는 자기 고집대로 자기하고 싶은 대로 행동하는 모습으로 일관성을 보이고 있다.

　세 번째는, 복음을 배척하는 사람들의 사회문화적 특징이다. 예수님은 '이 세대'라는 말로 예수님 당시의 복음을 배척하는 사람들을 집합적으로 지칭한다. 예수님이 사용하는 '이 세대'라는 표현은 대체로 부정적인 의미로 사용된다. 예수님이 전하는 복음에 대해서 비판적이고 도전적인 경향을 보이는 사람들의 모습을 총체적으로 표현할 때 '이 세대'라는 말을 사용한다. 예수님이 말씀하신 '이 세대'는 천국복음을 배척하는 세대라는 의미를 함축하고 있다. 복음을 배척하고 하나님의 말씀에 순종하지 않는 악한 세대라는 의미가 들어 있다. 예수님은 '이 세대'와 동일한 의미로 '악하고 음란한 세대'라는 표현을 사용하신다. 마태복음 11장 16절에서 '이 세대'라고 부른 사람들과 동일한 사람들을 지칭하면서 마태복음 12장 39절에서는 '악하고 음란한 세대'라는 표현을 사용한다: "예수께서 대답하여 이르시되, 악하고 음란한 세대가 표적을 구하나, 선지자 요나의 표적 밖에는 보일 표적이 없느니라."

　예수님이 전하는 복음을 배척하는 사람들의 특징인 '악하고 음란'한 것은 시대를 초월하여 복음을 배척하는 모든 사람들에게 공통적으로 나타나는 사회문화적인 특징이다. 구약시대에도 하나님의 말씀을 거역하고 우상숭배에 몰두한 시대의 사회문화적 특징은 악하고 음란한 것이었다. 구약의 열왕기하는 우상숭배의 절정을 이룬 아합 왕조의 특징을 악하고 음란한 시대라고 정의하고 있다.(왕하 9:22-24) 로마서 1장에서도 복음을 배척하는 시대의 특징을 악하고 음란한 것이라고 거듭거듭 강조하면서 설명한다.(롬

1:24-31) 포스트모던 시대에도 복음을 배척하는 사람들의 악하고 음란한 사회문화적 특징에는 변함이 없다. 왜냐하면 하나님의 형상대로 창조된 인간에게서 하나님의 말씀을 제거하고 하나님을 경외하는 믿음에서 떠나면 남는 것은 타락한 욕망 밖에 없다. 복음을 배척하는 세대 사람들의 삶을 이끌어가는 근본적인 동기가 타락한 욕망이기 때문에 그들이 살아가는 모습은 악하고 음란할 수밖에 없다.

복음을 배척하는 세대의 근본적인 특징을 로마서에서는 '마음에 하나님 두기를 싫어하는 것'이라고 정의한다.(롬 1:28) 그들의 마음이 하나님을 떠나서 부패하고 타락했기 때문에 그들의 생각과 행동이 타락한 모습으로 나타나는 것은 너무나 자연스런 현상이다. 앞에서 살펴보았듯이 모던 세계관이나 포스트모던 세계관이나 그들의 마음에 하나님 두기를 싫어하는 것에 있어서는 조금도 다르지 않다. 이것은 역사적 시대를 초월하여 복음을 배척하는 모든 사람들에게서 나타나는 변하지 않는 공통적 특징이다. 오늘날 우리가 직면하고 있는 포스트모던 세대의 생각과 행동과 문화적인 특징은 모두가 하나님 두기를 싫어하는 마음에서 나온 가지들이요, 열매들이다.

    포스트모던 세대가 자기 마음대로 생각하고 자기 마음대로 행동하고 자기 마음대로 살아가는 것같이 보이지만 그 내면을 들여다보면 그런 모든 일련의 생각과 행동을 가능하게 하는 세계관이 자리를 잡고 있다. 복음을 배척하는 세대가 가지고 있는 세계관을 드러내어서 해체시키지 않고서는 복음이 효과적으로 전파될 수 없다. 우리가 살아가는 삶의 현실은 하나님을 주어로 모시고 살아가는 세계관과 인간을 주어로 삼고 살아가는 세계관이 한 치의 양보도 없이 정면으로 충돌하는 복음화냐 세속화냐의 전쟁이 치열하게 벌어지는 영적 전쟁터이다.

소비주의의 평가 기준

앞에서 살펴본 대로 포스트모던 세계관이 주도하는 삶의 특징은 소비자 중심적 쾌락주의이다. 여러 가지 상품을 소비하면서 자기만족을 추구하는 것이 소비자 중심적 쾌락주의의 삶의 양식이다. 이런 과정에서 소비를 통하여 쾌락을 추구하는 소비주의는 지속적으로 우리의 생각과 행동에 영향을 미친다. 우리의 생각과 취향을 자극하고, 변화시켜서 우리의 행동을 이끌어간다. 다른 각도에서 말하면, 우리가 소비사회에서 주도적인 역할을 하기보다는 소비사회가 우리를 주도적으로 이끌어간다는 표현이 더 정확할 것이다. 일단 소비사회의 시스템 안으로 들어가면 그것이 삶의 주도권을 가지고 나의 생각을 만들어가고 나의 취향을 바꾸고 나의 행동을 이끌어간다. 그렇게 해서 나는 소비사회가 주도하고 만들어가는 충실한 소비자가 되는 것이다.

　소비사회가 만들어가는 소비자로 충실하게 적응하는 순간부터 자아에 대한 관심은 내면적인 것에서 점점 더 외형적인 것으로 옮겨 간다. 소비사회는 눈에 보이는 외형적인 취향을 자극하면서 외형을 꾸미는 데 집중하게 만든다. 눈에 보이지 않는 내면의 모습은 중요하지 않다. 외형이 화려하고 아름답게 보이도록 노력하는 만큼 내면의 자아는 점점 더 공허하게 되어가는 것은 소비사회 시스템 안에서는 피할 수 없는 흐름이다. 우리의 존재감은 단지 먹고 마시고 구매하고 소비하는 것을 통하여 인식되고 드러나게 된다. 그래서 앞에서 언급한 대로 '나는 소비한다. 고로 존재한다'는 표현이 가능하게 되는 것이다. 이렇게 되면 자아의 관심은 소비의 대상인 상품에 집중된다. 자기가 구매하고 소비하는 상품이 자신의 취향과 만족감을 표현하는 가장 중요한 도구가 되기 때문이다.

소비주의는 단순히 충동적으로 우리의 삶을 이끌어가는 자극이 아니라 우리의 삶의 전 영역을 지배하는 하나의 총체적인 세계관으로서의 역할을 한다. 우리의 개인적인 영역뿐만 아니라 사회적인 영역까지 소비주의의 절대적인 영향력 안에 놓이게 된다. 소비주의는 단순히 우리가 어떤 상품을 구매하는 소비패턴에만 영향을 미치는 것이 아니라 우리가 생각하고 경험하는 느낌에까지 영향을 미친다. 우리가 만나고 관계하는 모든 사람들과의 관계에까지 영향을 미친다.

소비사회에서 사람을 평가하는 데 있어서 가장 중요한 가치는 생산성과 구매력이다. 얼마나 많은 가치를 창출하고 얼마나 많은 연봉을 받느냐가 그 사람의 능력을 평가하는 첫 번째 기준이 된다. 그 사람의 연봉은 그 사람의 마케팅 능력과 직결된다. 많은 것을 판매하는 사람이 능력을 인정받게 되고 많은 연봉을 받게 된다. 많은 연봉은 결과적으로 구매력으로 나타난다. 소비사회에서 가장 대우를 받는 사람은 구매력을 가진 사람이다. 생산성과 구매력이 가지는 이런 힘의 구조는 자기 자신의 존재에 대한 인식에만 영향을 미치는 것이 아니라 우리의 행동과 지식의 모든 영역을 개조시킨다.

지속적인 자기 발전과 존재감을 확인하기 위해서는 끊임없이 새로운 것을 구매하고 소비해야 한다. 내면적인 자아의 공허함을 더 발전한 새로운 제품을 사용함으로써 채우려 하고 더 비싼 물건을 구매하고 소비함으로써 보상 받으려고 한다. 이런 면에서, 소비는 삶의 방식일 뿐만 아니라 일종의 중독이다.

소비주의는 인간의 삶과 경험과 세상의 모든 관계를 생산성과 구매력의 렌즈로 평가하는 일종의 총체적인 세계관이다. 좀 더 단순화시켜서 과격하게 표현하면 소비사회에는 구매자와 상품만 존재할 뿐이다. 자신의 구매력을 증진시키는 것이 자신의 능력을 증진시키는 것이다. 상품으로서 자신의 매력을 극대화 시키는 것이 자기관리와 자기 발전의 동기이며 목적이다.

소비자의 렌즈로 복음을 바라본다면 복음은 어떤 매력과 가치가 있겠는가? 세례 요한이 선포한 회개와 금욕의 복음이 소비주의에 물든 소비자들의 구매력을 자극할 수 있겠는가? 예수님이 선포한 섬김과 낮아짐의 복음이 자기만족과 자기 영광을 추구하는 소비자들에게 매력이 있겠는가? 소비주의에 물든 소비자들은 예수님의 복음도 자기들의 관점에서 재해석하고 편집하여 받아들일 것이다. 회개와 섬김과 낮아짐의 복음은 매력이 없지만 용서와

위로와 축복과 번영의 복음은 대단히 매력적일 수 있다. 소비주의 세계관에 물든 사람들은 복음을 믿어도 자기들의 세계관에 맞게 재편집하여 믿는다. 복음이 그들의 삶을 변화시키는 것이 아니라 그들의 삶의 방식이 복음을 개조시켜서 받아들인다. 이렇게 되면 소비주의 세계관에서 복음은 해체되고 파편화되어서 취사선택의 상품으로 소비될 뿐이다.

 소비주의가 삶의 전 영역에 영향력을 행사하는 하나의 총체적인 세계관이듯이 예수 그리스도의 복음도 삶의 전 영역을 주장하는 총체적인 세계관이다. 삶의 전 영역에 영향을 미치고 삶을 변화시키는 총체적인 세계관으로 전파되지 않는 복음은 온전한 복음이 아니다. 소비주의 세계관에 의해서 개조되고 파편화되어서 받아들여진 복음은 더 이상 복음이 아니다. 복음이 삶의 전 영역을 변화시키는 총체적인 세계관으로 전파되고, 개인의 생각과 행동과 취향까지도 변화시키는 총체적인 삶의 체계로 전파되고 받아들여지고 기능할 때에 온전한 복음이 되는 것이다. 이런 면에서 믿음은 파편화된 일시적 행동의 문제가 아니라 총체적인 세계관의 문제이며 타협할 수 없는 영적인 전쟁이다.

상품으로 전락한 자아(the Self)

소비사회를 이끌어 가는 두 가지 강력한 축은 소비자와 상품이다. 소비자의 구매력과 상품의 매력이 소비사회를 이끌어가는 힘이다. 여기서 인간의 몸은 강력한 구매자 역할을 한다. 앞에서 살펴보았듯이 모든 소비를 통한 만족을 느끼는 일차적인 통로가 몸이다. 그렇기 때문에 몸의 욕구와 느낌은 강력한 구매자 역할을 한다.

동시에 몸은 대단히 매력 있는 소비상품이다. 소비사회에서 모든 것은 소비의 대상이다. 하나님도, 종교도, 몸도 소비의 대상에서 예외가 될 수 없다. 모든 소비상품 중에서 가장 직접적이고, 즉각적이고, 매력적인 것이 인간의 몸이다. 소비 주의적 세계관에서 몸을 가꾸고 관리하는 것은 상품으로서의 자신의 가치와 매력을 증진시키는 것이며, 매력 있는 상품으로 아름답게 포장하는 것이다.

소비의 대상으로서 몸을 매개로 한 산업은 날마다 번창일로에 있다. 다양한 형태로 성을 사고파는 섹스 산업은 구체적으로 언급할 필요를 느끼지 못할 정도로 우리의 일상생활과 문화적 현상 속에 깊이 스며들어 있다. 그 외에도 몸을 가꾸기 위해서 투자하는 노력과 시간과 비용은 일일이 언급할 수 없을 정도이다.

몸이 가장 중요한 소비상품이 되었다는 것은 소비주의 세계관이 가지고 있는 치명적인 결함을 드러내는 자기모순이다. 소비주의는 소비를 통해서 자기만족을 추구하고, 자신의 기분을 즐겁게 하고, 자신의 능력을 극대화시켜서 자아를 성취한다고 주장하는 하나의 총체적인 세계관이다. 이런 세계관을 실현하는 과정에서 몸은 소비자임과 동시에 소비 상품인 이중적인 역할을 한다. 소비 상품으로서 자신의 매력을 극대화시키기 위해서 몸을 가꾸고 관리하고 값 비싸고 유행을 선도하는 패션으로 포장하게 된다. 그렇게 해서 나타난 결과물이 무엇인가? 결과적으로 말해서, 자신의 몸을 판매의 대상으로 소비의 대상으로 가꾸고 포장한 것밖에 더 되는가? 포스트모던 세계관이 그렇게도 강조하고 주장하던 주체적이고 자율적인 자아는 사라지고 소비의 대상으로 전락한 상품만 남게 된다. 이것은 앞에서 설명한 해체론의 과정에서처럼 저자를 해체시키고 독자의 자유를 극대화시킨 해체론이 결국에는 자아를 해체시키는 결과를 가져온 것과 같이 자기를 소비시키고 만다. 따라서 '나는 소비한다. 고로 존재한다'는 소비주의의 전제는 한 단계만 더 나아가면, '나는 소비 당한다. 고로 소모되고 사라진다'는 결론에 도달하게 된다. 소비주의가 추구하는 자기만족을 통한 자아 성취는 결과적으로 자기소비라는 극단적 자살골로 끝나고 만다.

삶에 대한 마지막 평가

예수님의 설명에 근거하여 복음을 배척하는 세대의 특징을 앞에서 세 가지로 정리하였다. 첫째는 자기 마음대로 생각하고 해석하는 세대이다. 둘째는 자기 고집대로 행동하는 세대이다. 셋째는 악하고 음란한 세대이다. 복음을 배척하는 세대가 이렇게 된 근본적인 이유는 그들의 마음이 타락했기 때문이다. 그들의 마음에 하나님 두기를 싫어하고, 자기 욕심과 정욕대로 행동하기 때문이다.(로마서

1장 참조)

　내가 어떤 세계관을 가지고 살아가든지 그것은 나의 자유라고 말할 수 있다. 그러나 예수님은 분명히 경고하신다. 각자의 삶에는 반드시 하나님의 평가와 심판이 따른다고 말이다: "지혜는 그 행한 일로 인하여 옳다 함을 얻느니라."(마 11:19) 구약의 잠언 8장에 보면, 지혜를 추상적인 개념이 아니라 실천적인 면에서 의인화하여 설명한다. 지혜는 어머니가 아이들에게 당부하는 실제적인 행동들로 정리할 수 있다. 생명에 이르는 것은 지혜로운 것이다. 반대로 죽음에 이르게 하는 행동은 어리석은 것이다. 이런 관점에서 평가한다면 포스트모던 세계관은 하나님의 평가 이전에 자아의 죽음으로 끝나는 어리석은 세계관이다. 그 세계관을 따라 살아가는 사람들은 궁극적으로 영원한 죽음에 이르게 되는 어리석은 삶을 사는 사람들이다.

　결과적으로는 영원한 죽음에 이르는 어리석은 삶이지만, 소비주의 세계관을 따라 살아가는 사람들이 대단히 많다. 왜 그럴까? 그 이유는 간단하다. 소비주의 세계관은 언뜻 보기에는 재미있고 매력적이고 대단히 편하고 쉬운 길로 인도하는 것처럼 보인다. 우선은 보기에 먹음직하고 보암직하고 지혜롭게 할 만큼 매력적인 것이다. 그러나 그 길은 멸망의 길이다. 예수님은 쉬운 길을 따라서 멸망으로 달려가는 수많은 사람들의 모습을 안타깝게 보시면서 이렇게 경고하셨다: "좁은 문으로 들어가라. 멸망으로 인도하는 문은 크고 그 길이 넓어, 그리로 들어가는 자가 많고, 생명으로 인도하는 문은 좁고 길이 협착하여, 찾는 자가 적음이라."(마 7:13-14)

우리가 어떻게 살든 그것은 우리의 자유이다. 그러나 우리의 삶에는 반드시 평가와 심판이 따른다고 예수님께서 분명히 경고하셨다. 나의 행동을 최종적으로 평가하는 평가자는 나 자신이 아니라 창조자 하나님이다. 내 삶의 결과를 평가하는 기준은 나의 욕심과 나의 고집이 아니라 하나님의 지혜와 하나님의 계시의 말씀이다. 우리가 때로는 힘들고 어렵게 보여도 성경적인 세계관을 따라 살아가야 할 이유가 바로 여기에 있다.

하나님께서 우리에게 보여주신 평가 기준은 예수 그리스도의 복음이다. 예수 그리스도의 복음은 우리의 삶을 평가하는 하나님의 지혜요, 하나님의 기준이다: "십자가의 도가 멸망하는 자들에게는 미련한 것이요, 구원을 얻는 우리에게는 하나님의 능력이라."(고전 1:18)

"우리는 십자가에 못 박힌 그리스도를 전하니, 유대인에게는 거리끼는 것이요, 이방인에게는 미련한 것이로되, 오직 부르심을 받은 자들에게는, 유대인이나 헬라인이나, 그리스도는 하나님의 능력이요, 하나님의 지혜니라."(고전 1:23-24)

되새김질을 위한 질문

1. 포스트모던 세계관과 성경적인 세계관이 조화를 이룰 수 없는 근본적인 이유는 무엇이라고 생각하십니까?

2. 복음을 배척하는 세대의 근본적인 특징은 무엇이라고 생각하십니까?

3. 예수님은 복음을 배척하는 세대의 특징을 비유로 설명하였습니다. 예수님의 설명에 근거해서 복음을 배척하는 세대의 특징을 세 가지로 정리해 봅시다.

4. 복음을 배척하는 세대의 특징을 로마서 1장에서는 무엇이라고 정의하고 있습니까?

5. 소비 사회에서 사람을 평가하는 가장 중요한 가치는 무엇이라고 생각하십니까?

6. 소비자의 관점으로 바라본다면, 복음은 어떤 매력과 가치가 있다고 생각하십니까?

7. 몸을 가장 중요한 소비 상품으로 생각하는 소비주의의 치명적인 결함은 무엇이라고 생각하십니까?

8. 소비주의 세계관의 치명적인 모순에도 불구하고, 그것을 따르는 사람들이 많은 이유는 무엇이라고 생각하십니까?

9. 우리의 삶을 평가하는 최종적인 기준은 무엇이라고 생각하십니까?

"그러나 너는 배우고 확신한 일에 거하라."
(딤후 3 : 14)

믿음의 핵심은 각자의 삶의 영역에서 청지기적 영성을 실천하는 것이다.

청지기 영성훈련 특강 2

믿음은 세계관의 전쟁이다

초판 1쇄 | 2016년 6월 27일 발행
지은이 | 최재호
펴낸이 | 김용상
펴낸곳 | 주식회사 힐링
주소 | 서울시 영등포구 국회대로 76길 10. 침례총회빌딩 B101
전화 | 02-939-8868(대표)
팩스 | 02-934-8868
편집기획 | 남대니
디자인 | 한국선거연구소
마케팅 | 남예인
인쇄 | (주)금강인쇄
ⓒ최재호, 2016
ISBN 979-11-85630-23-6 03230
홈페이지 | www.i-healing.co.kr
이 책에 실린 글과 이미지의 무단전재·복제를 금합니다.
이 책 내용의 전부 또는 일부를 재사용하려면
반드시 저자와 출판사의 동의를 받아야 합니다.
책값은 뒤표지에 있습니다.
파본은 구입처에서 교환해 드립니다.